LE PÈLERINAGE A STRASBOURG

DE

L'ASSOCIATION AMICALE

DES

ANCIENS ÉTUDIANTS DE STRASBOURG

LE PÈLERINAGE A STRASBOURG

DE

L'ASSOCIATION AMICALE

DES

ANCIENS ÉTUDIANTS DE STRASBOURG

AVIS

—

La présente brochure sera envoyée franco à toute personne qui en fera la demande à M. TANCRÈDE, imprimeur-éditeur, 15, rue de Verneuil, Paris-7e, en joignant la somme de 2 fr. 25.

LE PÈLERINAGE A STRASBOURG
de l'Association Amicale des Anciens Etudiants
DE STRASBOURG

L'Association Amicale des Anciens Etudiants de Strasbourg a été créée, en 1872, par le docteur Bouloumié dans le but de cultiver la mémoire des pays annexés jusqu'au jour de leur retour à la France. Chaque année, ses membres se sont réunis dans des banquets qui eurent lieu d'abord à Paris, puis à Paris et à Nancy et plus tard à Paris seulement. Des annuaires furent publiés par les soins du dévoué secrétaire-trésorier de la Société, le docteur Morin, secondé par le docteur Granjux, qui y a enregistré, à côté des noms des camarades, le texte des allocutions prononcées, celui des poésies dites par les convives, maints souvenirs des jours passés et particulièrement des épisodes de la vie de l'Ecole du Service de santé pendant le siège de 1870.

Si les premières assemblées furent nombreuses, présidées plusieurs fois par d'anciens maîtres de la Faculté de Strasbourg, les vides causés par le temps réduisirent peu à peu le nombre des convives, et le banquet de 1913, le dernier avant la guerre, n'en comptait qu'une vingtaine. Il y avait cependant 400 membres inscrits, encore vivants.

Les soirs de réunion, la salle était ornée aux couleurs de France, d'Alsace et de Lorraine, décorée de vues de Strasbourg, des Facultés et de l'Ecole du service de santé militaire, la grande majorité des présents étant formée par les anciens élèves de cette Ecole. Toujours le souvenir des maîtres de Strasbourg, comme celui des pays annexés, fut conservé et célébré avec piété et espérance : aussi, dès le jour de l'armistice, fut-il décidé que le *Banquet de la Délivrance* se ferait à Strasbourg et les membres de l'Association reçurent l'avis suivant :

« Mon Cher Camarade,

« L'Alsace et la Lorraine, Strasbourg nous sont enfin rendus! Notre rêve devient une réalité. Nous tiendrons, cette année, notre réunion à Strasbourg! C'est là qu'aura lieu le Banquet de la Délivrance .

« Nul ne voudra manquer à cette fête qui rajeunira nos vieux jours, rendant à nos cœurs leur sérénité d'antan ; chacun voudra porter son hommage à Strasbourg, à l'Alsace, à la mémoire de nos anciens maîtres et aura hâte d'accomplir ce pieux pèlerinage.

« Pour que notre réunion soit aussi prochaine et aussi nombreuse que nous le désirons et puisse avoir lieu aussitôt que les circons'ances le permettront, que chacun veuille bien envoyer *sans retard* son adhésion et prier ceux de nos camarades qu'il peut connaître de faire de même.

« Il est essentiel que nous soyons renseignés au plus tôt sur le nombre des adhérents afin d'assurer la bonne organisation du voyage, du séjour, de la cérémonie et du banquet.

« Vive la France !

« Vive l'Alsace et la Lorraine !

« Vive Strasbourg !

« Recevez, mon Cher Camarade, l'expression de nos meilleurs et tout dévoués sentiments. »

Les Secrétaires :	*Le Président-Fondateur:*
D^r Ed. Morin.	Dr P. Bouloumié.
Dr Granjux.	

Par suite de circonstances diverses, la réunion ne put avoir lieu que le 11 juin 1919 : il avait paru, du reste, que cette époque de l'année était la plus favorable pour un voyage pouvant, à cause de l'éloignement, causer une assez grande fatigue à beaucoup.

Les camarades qui, avec le président Bouloumié, se chargèrent de l'organisation (Granjux, Harmand, Morin, Ravenez, Viry) se mirent en relations avec les représentants des groupements d'étudiants résidant à Strasbourg, les *anciens* et les *nouveaux* réunis sous le nom de *Cercle des Étudiants* et présidés par le docteur Bucher. Son inépuisable complaisance, sa haute situation personnelle au Commissariat général de la République, comme aussi l'extrême obligeance du secrétaire général du Cercle, le professeur Bock, facilitèrent grandement la tâche des organisateurs. La question du logement était particulièrement difficile à résoudre et, faute de place dans les hôtels, il fallut s'adresser à l'*Office municipal de location* encore au début de son fonctionnement.

Des efforts furent faits pour demander des réductions de tarif sur les chemins de fer, mais on ne put obtenir aucune faveur par suite de la décision collective des Compagnies de suspendre toute mesure de ce genre.

Le 11 juin 1919, les adhérents au pèlerinage devaient, d'après l'avis qu'ils avaient reçu, se trouver réunis à 10 heures, au café du Broglie. Mais, la veille au soir, on apprit que le général de division Hirschauer, gouverneur de Strasbourg, invitait les membres de l'*Association* à assister, à 10 heures, à une revue qu'il devait passer sur la place du Château, au cours de laquelle il remettrait la Croix de Commandeur de la Légion d'honneur au docteur Bucher et 'qu'il avait bien voulu retarder le jour de cette solennité pour permettre aux *Anciens de Strasbourg* de se grouper à côté de son état major. La plupart d'entre eux eurent ainsi le plaisir de féliciter sur le terrain, en présence du Commissaire général de la République, M. Millerand, leur camarade, le médecin major Bucher, décoré en raison « des grands services qu'il rendit à la cause française en Alsace pendant et après la guerre ». Puis, ils eurent la joie et l'émotion profonde d'assister au défilé, placés derrière le général gouverneur et de saluer le glorieux drapeau des zouaves.

Après la revue et un court arrêt au café du Broglie où l'on se reconnut et se groupa, les membres de l'*Association* réunis (1) se rendirent chez le général Hirschauer, M. le Commissaire général de la République ayant exprimé le désir de recevoir leur visite un peu plus tard.

Le président, le docteur Bouloumié, après avoir présenté l'Association et les membres présents au général, s'exprime ainsi :

« La plupart de nos camarades, anciens élèves de l'Ecole du service de santé militaire, tous ayant fait la campagne de 1870-1871, ont à cœur, comme moi, de saluer tout d'abord, en votre personne, la vaillante armée à qui nous devons la revanche de nos échecs, la consolation et la réparation de nos désastres, la joie de nous retrouver, après ces longues années, réunis de nouveau à Strasbourg.

« Nous sommes tous particulièrement heureux que cet hommage s'adresse à vous, mon général, à vous, fils de notre vaillante Alsace qui a formé tant de merveilleux soldats, tant de glorieux chefs militaires, et qui doit être justement fière de vous. Tous en effet, se rappellent certainement, comme nous, votre belle car-

---

(1) Voici, par ordre alphabétique, les noms des présents : MM. Adam, Blanc, Boiland, Bouloumié, Challan de Belval, Chavasse, Cholet, Colnenne, Coze, Dantin, Delorme, Dornier, [Ducourneau, Fournié, Flocken, Fritz, Gast, Granjux, Harmand, Iehl, Lacassagne, Larché, Larger, Laurent, Lauriès, Lecerf, Lobit, Magnant, Mazellier, Millet, Minzior, Pierrot, Radouan, Ravenez, Reyerchon, Richard (E.), Robert (A.), Symon de Villeneuve, Tissier, Treille, Troupeau, Tuefferd, Viry.

rière et notamment ce que vous avez fait pendant la paix pour doter l'armée de cette arme nouvelle, l'aéroplane, dont vous avez d'emblée entrevu toute l'importance et qui a joué un si grand rôle dans cette guerre, et les exploits, qu'avec vos vaillants soldats, vous avez accomplis pour défendre à l'Allemand l'accès de Verdun et l'en chasser à jamais.

« Avec quelle émotion nous vous voyons ici comme lorsque nous vous avons suivi, alors qu'à la tête de vos troupes, vous avez, sur le pont de Kehl, traversé le Rhin; quelle émotion douce et profonde nous a étreints et nous étreint encore à la vue de nos beaux régiments, de nos braves soldats de toutes armes, foulant joyeusement le sol de notre cher Strasbourg, nous surtout qui ayant conservé le poignant souvenir de leurs devanciers le quittant vaincus et prisonniers, après une défense malheureusement aussi vaine que glorieuse, en 1870. Quelle émotion encore, et quelle joie pour nous, de revoir enfin, claquant fièrement au vent, à la cime de tous les monuments de cette belle et noble ville de Strasbourg, le drapeau tricolore que vous avez conduit à la victoire !

« A toutes ces émotions vous êtes mêlé, mon général, vous et vos braves soldats, aussi sommes-nous particulièrement heureux de saluer ici la valeureuse armée française toute entière, victorieuse et libératrice, dans la personne d'un des fils de l'Alsace, dont la France, avec elle, a justement le droit d'être fière.

« Recevez, mon général, l'hommage de l'Association Amicale des Anciens Etudiants de Strasbourg. »

Emu comme nous tous, le général embrasse notre Président en qui, dit-il, il embrasse toute notre Association et prononce une éloquente allocution que nous regrettons de ne pouvoir reproduire intégralement. Sachant que la plupart de ses auditeurs ont appartenu au corps de santé militaire, il rappelle combien souvent, au cours de sa carrière, il a été témoin des services éminents rendus au pays, à l'armée et aux individus par les médecins de l'armée. Il insiste sur la nécessité pour eux de recevoir une instruction militaire solide à côté de l'instruction scientifique car, dit-il, le médecin militaire doit être, pour remplir son rôle intégral, soldat et médecin, et peut-être est-il désirable que les écoles militaires soient placées à la frontière, comme l'ont été les Ecoles de Metz et de Strasbourg parce que c'est à proximité de l'adversaire possible que le jeune homme sent le mieux pourquoi il porte l'uniforme.

Le médecin-inspecteur Fournié, qui a été médecin-chef de

l'Ecole d'application de Fontainebleau, prononce ensuite les paroles suivantes :

« Mon général, aux hommages officiels de notre Président, je vous demande la permission d'ajouter mon salut personnel, le salut d'un témoin de votre vie laborieuse au temps des Ecoles, le salut d'un admirateur convaincu de votre maîtrise militaire. de la maîtrise tant de fois affirmée par vos œuvres et manœuvres d'avant-guerre.

« Vos camarades de l'Ecole de Fontainebleau dont j'ai pu si souvent recueillir les impressions pendant mon séjour au milieu d'eux, vous ont reconnu hors de pair pour l'assurance de vos principes et la distinction de votre caractère ; l'Ecole de guerre a confirmé ces jugements et les étrangers qui, plus tard, comme moi, ont bénéficié de vos leçons dans les états-majors animés de votre souffle, ont gardé l'impression que vous deviez être et que vous seriez un des premiers artisans de la réparation depuis si longtemps attendue.

« Les vœux de tous ceux qui vous avaient connu ont fait leur chemin, et c'est dans un tressaillement unanime de satisfaction et d'espoir que vos anciens amis vous ont vu attribuer une large part de la charge de nos destinées. Vous avez été — et avec quelle sûreté et quelle vigueur ! — le sauveur de toutes les espérances.

« Et c'est pour cela que, plein des visions passées, je vous demande la permission de vous féliciter et de vous remercier au nom de ceux qui, vous connaissant bien, tenaient tout particulièrement à être sauvés par vous et qui l'ont été.

« Vous avez été des premiers revenants sur cette terre d'Alsace, aujourd'hui deux fois vôtre. A ce titre, vous êtes un réintégré comme nous, mais un réintégré chargé de lauriers. Laissez-nous nous abriter sous ces lauriers pour respirer un instant dans cette ville reconquise, la douce fraîcheur qu'ils exhalent et laissez-nous, en même temps, vous redire merci pour la part prise par vous au joyeux réveil de notre vieille Mère depuis si longtemps endormie, et aussi, par surcroît, pour la nouvelle auréole apportée par vous à votre Ecole à vous, à cette autre Mère qui, dans la gloire radieuse de son succès, n'arrive plus à compter les exploits de ses enfants. »

Dans l'après-midi, visite à M. Millerand, Commissaire général de la République. En présentant ses camarades, M. Bouloumié s'exprime comme il suit :

« Monsieur le Commissaire général,

« J'ai l'honneur de vous présenter l'*Association Amicale des Anciens Etudiants de Strasbourg*, que nous avons fondée au lendemain de nos désastres de 1870, pour commémorer l'heureux temps passé dans cette grande cité si hospitalière aux étudiants, pour perpétuer le culte que nous lui avions voué, pour maintenir vivante en nous et autour de nous l'espérance de la voir un jour rendue à la France, et pour accomplir le devoir sacré de tout faire pour la délivrance de nos frères captifs d'Alsace-Lorraine.

« Tous ses membres n'y sont pas hélas ! beaucoup déjà sont morts, d'autres sont retenus loin de nous par la maladie ou l'impotence due à leur âge, mais le cœur de tous est ici avec nous, aussi est-ce en leur nom à tous, anciens étudiants de Strasbourg, que je vous salue en vous disant combien, fils spirituels de Strasbourg, toujours fidèles dans leur affection et leur reconnaissance, nous sommes heureux de voir en vos mains les hautes fonctions de Commissaire général. Je sais être, en disant cela, l'interprète de leurs plus intimes pensées. Tous, en effet, connaissent votre haute valeur, votre sentiment élevé du devoir, votre patriotisme, votre largeur de vues et votre extraordinaire puissance de travail, dont vous avez donné tant de preuves au cours de votre carrière et notamment dans les moments si difficiles où vous avez, dans la période la plus critique de la guerre, accepté la charge, écrasante pour tant d'autres, de tout organiser pour la lutte et la victoire, au ministère de la guerre.

« Ils savent que toutes ces qualités, vous les mettez de tout cœur au service des populations d'Alsace et de Lorraine : ils s'en réjouissent tout particulièrement. Aussi dans leur ardent désir de voir resplendir Strasbourg d'un éclat sans pareil, par son université, et de lui voir conserver ainsi le prestige qu'elle a toujours eu à leurs yeux et qu'elle doit avoir au yeux de tous, étrangers ou nationaux, est-ce l'homme autant que le haut représentant du gouvernement qu'avec moi ils saluent en vous, assurés qu'il réalisera leurs plus chères et plus ardentes aspirations.

« Nous revoyons, nous tournant vers le passé, Strasbourg foyer de lumière scientifique et sa pléiade de professeurs illustres et toujours dans la voie du progrès, joignant à la poursuite de leurs travaux personnels l'étude approfondie de tout ce qui se faisait en Allemagne. Nous revoyons, dans ce passé lointain, au milieu de tous nos souvenirs de jeunesse, notre savante et glorieuse Faculté de médecine, qui favorisait si grandement l'essor de la science française en transmettant aux autres facultés les nébuleux travaux allemands mis au point par le clair génie, bien français, de ses maîtres. Les trouvant sans cesse stimulés dans l'accomplissement de leur mission par le patriotisme propre aux régions frontières aussi bien que par le haut sentiment du devoir et l'amour de la science, nous puisions auprès d'eux un enseignement moral autant que scientifique qui a laissé en nous une empreinte ineffaçable dont nous leur sommes profondément reconnaissants.

« Ces traditions qu'ils nous ont transmises et qui nous ont été un guide précieux dans toutes les circonstances de la vie, nous tenons à ce qu'elles se perpétuent; aussi sommes-nous venus les placer dans les mains des jeunes, tant de ceux qui ont souffert sous le joug allemand que de ceux qui débutent dans la joie de la délivrance. Elles seront bien placées, nous en sommes certains.

« Nous venons de loin près de vous, Monsieur le Commissaire général, non seulement pour vous porter notre hommage, mais pour vous prier, en témoignage de reconnaissance envers notre mère scientifique commune, d'accorder toute votre active et bienveillante sollicitude à l'organisation et à l'épanouissement de l'Université de Strasbourg que nous avons l'ambition de voir rayonner sur l'étranger comme sur la France et attirer à elle la foule si considérable des étudiants de tous pays, qui, avant la victoire de la France, fréquentaient les universités allemandes. Pour vous seconder dans la modeste sphère de leur action, vous trouverez en nos successeurs, comme en nous-mêmes, soyez-en assuré, le concours le plus actif et le plus dévoué. Comme nous, certainement, ils vous aideront de tous leurs moyens à accomplir la belle et grande tâche que vous vous êtes imposée : refaire de l'Alsace et de la Lorraine deux des plus belles et plus riches provinces de la France et montrer à leurs populations, restées pendant un demi-siècle fidèles à la mère patrie qui leur ouvre ses bras, qu'elles n'ont pas affaire à une ingrate et qu'elles ont bien placé leur confiance, leur amour et leur fidélité ».

M. Millerand répondit à ces paroles, avec un visible plaisir, qu'il attachait à notre visite à Strasbourg une réelle importance puisqu'il y trouvait, à côté du témoignage de notre souvenir reconnaissant au foyer de notre culture intellectuelle, le gage de notre désir de le seconder dans la tâche délicate de la réorganisation de l'enseignement universitaire, et il nous demanda de nous efforcer d'agir sur l'esprit de la jeunesse. A notre grande et unanime satisfaction, il nous dit toute l'importance qu'il attachait à l'état futur de l'Université strasbourgeoise et les efforts qu'il ne manquerait pas de faire en sa faveur, certain de leurs succès auprès des pouvoirs publics.

Comme le Président lui fit remarquer qu'il y avait parmi les visiteurs un représentant de la Presse médicale, le docteur Granjux s'avança et promit, comme le docteur Bouloumié et d'accord avec toute l'assistance, d'appuyer cette campagne éminemment patriotique.

Chez le Commissaire de la République, M. Julliard, le Président, dans une chaleureuse allocution, témoigne de l'attachement des membres de l'Association pour la Basse-Alsace et pour Strasbourg en particulier et, donnant libre cours à ses souvenirs de jeunesse, qui sont ceux de tous ses camarades, il montre comment sont nés, se sont développés et se sont maintenus, sans un moment de défaillance ou d'oubli, les sentiments d'affection et de reconnaissance qui sont restés gravés dans le cœur de tous les anciens étudiants, dont il est l'interprète.

M. Juilliard expose son ardent désir d'adapter à l'Alsace, sans heurt et aidé par la population aux sentiments si profondément dévoués à la France, les rouages administratifs français, tout en conservant les traditions chères au pays d'Alsace, qui sait inspirer des sentiments d'attachement et d'affection assez profonds pour que l'Association vienne les lui manifester d'une manière si chaleureuse après quarante-quatre ans d'exil.

Le maire, M. Peirotes, retenu par un devoir impérieux, se fit représenter, pour la réception, par M. Doll, son adjoint. Répondant aux témoignages d'affection pour Strasbourg que lui exprima M. Bouloumié qui, sans jamais se répéter, sut trouver là encore des accents émus et fut l'interprète fidèle de ses camarades, M. Doll prononça les paroles suivantes :

« Messieurs de l'Association Amicale
des Anciens Etudiants de Strasbourg,

« N'attendez pas de moi un éloquent discours, je laisserai parler mon cœur de Strasbourgeois d'avant 1870. Alors élève d'un collège situé non loin de l'école des carabins dont j'admirai quelquefois le bel uniforme, tout petit jeune homme, mon ambition était très modeste et ne s'attendait certes pas à l'honneur qui me revient aujourd'hui de saluer, au nom de la Ville de Strasbourg votre vaillante Association. Celle-ci a gardé pendant 48 longues années un souvenir impérissable de notre chère ville de Strasbourg. Veuillez donc, Messieurs, si votre temps vous le permet, monter et contempler du haut de la plate-forme de la cathédrale, le panorama du beau pays qui n'a jamais cessé d'être français et qui, le cœur plein de reconnaissance, s'est jeté dans les bras de sa mère-patrie, en novembre dernier. L'Alsace, Messieurs et chers compatriotes, n'a jamais été allemande de cœur, quoiqu'en disent leurs professeurs.

« Strasbourg, citadelle avancée de la France, se fera maintenant un devoir de monter la garde au Rhin, et de payer ainsi une dette de reconnaissance et de gratitude pour les immenses sacrifices du peuple français.

« Messieurs, m'est avis que c'est surtout, grâce à votre merveilleuse organisation du service de santé militaire, que le sort de cette guerre nous fut favorable, que nos troupes ont si bien résisté à toutes les misères d'une campagne de plus de quatre années, attendu qu'il est certain qu'une administration dépourvue de lumières peut produire une mortalité quelquefois excessive en campagne, dans les casernes, partout où des hommes se trouvent réunis. Honneur à toutes vos administrations sanitaires! Honneur surtout à votre Association! C'est aux liens qui rattachent les hommes entre eux, c'est au principe de l'association que l'on doit surtout les grandes choses qui ont été faites à la surface du globe, et qui, malgré les ravages des siècles, commandent encore notre admiration ».

Et il ajoute combien il est désirable que les jeunes générations visitent l'Alsace, s'y établissent et que se reconstruisent des familles entre Français de l'intérieur et Alsaciens.

Revenant sur l'éloge fait par M Doll des chefs de la médecine militaire française, le médecin inspecteur général Delorme indiqua que, parmi les assistants, se trouvait le médecin inspecteur général Chavasse qui avait dirigé le service de nos armées pendant une grande partie de la guerre; M. Chavasse reçut de tous l'éloge qui lui était dû et l'on n'oublia pas que M. Delorme, lui aussi, avait joué un rôle important parmi les chefs de guerre du corps de santé. Puis ce furent des conversations plus familières au cours de la visite de l'Hôtel de Ville, riche en objets d'art, et de ses magnifiques salons où, jeunes gens, beaucoup ont dansé avec entrain au cours des soirées accueillantes du maire d'alors, M. Humann.

En sortant de l'Hôtel de Ville, on se rendit à la statue de Kléber. C'était jour de marché et la foule y était nombreuse.

L'ambassadeur Harmand prononça l'allocution que nous reproduisons :

« Il ne m'appartenait certainement pas de prendre aujourd'hui la parole, car je ne représente aucune catégorie de nos camarades, à moins que ce ne soit — et il n'y a pas à en tirer avantage — celle des irréguliers, la phalange des « éliminés », à l'époque où la Médecine navale était devenue une sorte *d'emunctorium peccatorum* de l'École du Service de Santé militaire et du Val-de-Grâce.

« Mais les vieux camarades qui connaissent ma fidélité au souvenir strasbourgeois ont toujours bien voulu me considérer comme l'un des leurs, et c'est à leur amitié seule que je dois l'honneur qui m'est fait.

« Si l'on m'a demandé de formuler notre commun salut à Kléber, peut-être est-ce en souvenir d'une période spécialement militaire de mon existence accidentée, alors que la confiance du chef d'une expédition coloniale célèbre, Francis Garnier, m'avait transformé en une espèce de général. Peut-être encore, en me permettant de rappeler que c'est à la grandeur de la France en Asie que j'ai consacré ma jeunesse et mon âge mûr, aurais-je le droit de regarder Kléber comme un prédécesseur et comme l'ancêtre de ces généraux coloniaux, qui ont tant brillé dans cette guerre et rendu à notre armée et à notre patrie de si éminents services.

« Malgré tout, et si ingénieux que puissent paraître ces rapprochements quelque peu factices, je ne me sens vraiment pas qualifié pour résumer les gloires historiques de Kléber. Aussi bien, n'est-ce pas tant à Kléber vivant que nous entendons aujourd'hui rendre culte qu'à Kléber mort. C'est surtout à sa fonction posthume, si je puis ainsi parler, que doit s'attacher notre pensée reconnaissante.

« Coulée dans le bronze indestructible, sa fière effigie, par son attitude, par une beauté qui n'est que la marque et la traduction des qualités morales, des sentiments et des instincts qui font de Kléber comme le type même de l'Alsacien et du Strasbourgeois, est devenue naturellement, au centre de la métropole, le symbole de la résistance des opprimés aux brutalités inintelligentes des usurpateurs, le *palladium* et l'étendard de la protestation, la sentinelle des réparations attendues.

« Je n'essayerai pas d'exprimer l'émotion qui oppressait nos vieux cœurs lorsque nous apprenions, nous qui savons toujours comprendre l'étudiant d'Alsace, que votre jeunesse intellectuelle, après tant de décades de tyrannie et d'injustice, à l'heure où parmi nous-mêmes quelques espoirs se voilaient, avait pris coutume, la nuit et dans un silence ordonné, autrement impressionnant que nos tapages universitaires au grand jour, de défiler, tête nue, devant la statue qui nous voit pieusement réunis à ses pieds.

« Par un singulier chassé-croisé, Étudiants d'Alsace, vous êtes allés à Paris pendant que nous prenions, de notre côté, la route de Strasbourg; je saisis cette occasion pour vous dire : Merci ! vous vous êtes bien comportés.

« Je voudrais encore, à cette place, associer au nom de Kléber ceux de trois de nos grands anciens, qui servirent avec Kléber, et dont la gloire n'est pas moins durable que celle de leur chef : j'ai nommé Percy, Desgenettes et Larrey, certain que si Kléber pouvait m'entendre, son âme généreuse et juste serait touchée de cette communauté de vénération.

« Percy, le hardi novateur, le premier organisateur du champ de bataille sanitaire, chirurgien en chef des armées de la Moselle, de Sambre-et-Meuse et du Rhin ;

« Desgenettes, le pionnier de l'hygiène militaire, qui fit avec Kléber l'expédition d'Egypte et resta jusqu'à sa mort tragique son ami personnel;

« Larrey enfin, le « vertueux Larrey », qui sauva positivement la vie de Kléber à l'attaque d'Alexandrie, qui fut blessé à Saint Jean-d'Acre, et reçut à Aboukir sa première épée d'honneur.

« O Kléber! nous n'avons pour t'honorer ni l'éclair du sabre d'Héliopolis ni les pompes officielles, mais sois assuré que tu n'auras reçu jamais et que jamais tu ne recevras de plus profond et de plus fervent hommage que le nôtre. Rassemblés à Strasbourg de tous les points de la France à l'âge de notre véritable formation intellectuelle et morale, séduits par l'atmosphère d'Alsace, la bonhomie et la grâce de ses habitants, la science et l'autorité de nos maîtres alsaciens, nous sommes devenus et nous nous flattons d'être restés les fils adoptifs de la cité. Nous voudrions, Alsaciens, que vos étudiants, vous confiant, pour un instant seulement, le flambeau de leurs rancunes et de leurs espérances, dont la flamme vacillerait et ne tarderait pas à s'éteindre entre nos mains défaillantes, vous chargent de le transmettre aux nouvelles générations universitaires de Strasbourg.

« Nous sera-t-il défendu, sans vouloir préjuger des intentions du Gouvernement, d'exprimer le vœu de voir se reconstituer, à côté des Facultés françaises, l'ancienne Ecole du Service de Santé militaire, assurés que les nouveaux carabins apprendraient à aimer Strasbourg comme nous l'avons aimé, et qu'ils trouveraient auprès de la population le même accueil cordial et la même hospitalité bienveillante que ceux d'autrefois. »

Et tandis qu'on applaudissait ces nobles paroles, voici que l'ex-sénateur, professeur, médecin principal Treille, arrivé le matin même, venant de l'oasis d'El Amri, franchit la grille du monument et, d'une voix forte, s'écrie :

« Mes chers camarades,

« Dès le début de la guerre, aux jours peut-être les plus sombres de cette période, ayant, comme vous tous, une foi absolue dans la victoire finale, dont nous n'avons pas un seul instant désespéré, j'ai formé le vœu de venir baiser la terre sainte de Strasbourg le jour où la cité qui nous est si chère ferait retour à la France. Ce jour-là est enfin venu. Il n'y a plus, il est vrai, de terre même, devant cette statue, mais, en embrassant son socle, j'accomplis mon vœu. »

Ce geste, qui symbolisait tout notre pèlerinage, produisit une émotion profonde, qui fut complétée encore par le dépôt d'un bouquet tricolore que firent, à ce moment, Mmes Coze et Treille, au pied de la statue.

La matinée du 12 fut consacrée à la visite des locaux de l'Université, après présentation à l'Inspecteur d'Académie, remplaçant le Recteur absent. Il fut longuement parlé de la réorganisation de l'enseignement, et M. l'Inspecteur d'Académie nous dit avec quelle ardeur, à tous les degrés de l'enseignement, la langue française était en honneur. Les étudiants des facultés ont demandé que tous les cours se fissent en français; partout, dans les villages comme dans les villes, se sont organisées des leçons de français, suivies par des auditeurs de toutes catégories dont les progrès sont surprenants : cette extrême bonne volonté et l'ardent désir de la population de vivre intégralement de la vie française sont d'autant plus remarquables, qu'avant 1870, le français avait peu pénétré parmi les paysans et les ouvriers des villes.

Un autre enseignement fut donné tandis qu'on parcourait les bâtiments de l'Université, sous la conduite de MM. les Doyens, qui ont fait l'honneur aux visiteurs de leur servir de guides : c'est que dans ces locaux immenses, dont l'aménagement luxueux est généralement bien compris, une large part de l'organisation de l'enseignement a cependant été donnée à l'apparence plutôt qu'à la réalité, et on a été surpris de ne pas trouver, dans le palais universitaire, l'outillage vraiment à la hauteur de tous les progrès de la science.

A deux heures, on se retrouve place du Château, devant l'ancienne école du service de santé militaire qui est actuellement un bureau de poste, et là, le médecin principal de première classe Ravenez, au milieu de l'émotion générale, dit le discours qui suit :

« En ma qualité d'Alsacien, non seulement né, mais encore élevé sur le bon terroir, puis en ma qualité d'élève de l'ancienne École du Service de Santé Militaire de Strasbourg, de la promotion dite du siège, j'ai l'insigne honneur de prendre la parole devant ce bâtiment qui abrita plusieurs générations de médecins de l'armée française. Ce n'est pas sans émotion que je m'acquitte d'un devoir sacré et, si j'ai quelque défaillance de langage, soyez indulgents envers celui dont le cœur de patriote n'a jamais défailli.

« Quand, dans ma jeunesse, j'étais carabin, là, dans cet édifice,
je ne prévoyais pas la tourmente de 1870 et je ne pouvais penser
que, dans un avenir lointain, après la délivrance de ma chère
patrie alsacienne, opprimée pendant près d'un demi-siècle, au
nom de mes camarades du passé et du présent, je serais appelé
à raviver devant cette demeure de touchants souvenirs.

C'est donc là que des carabins légendaires firent leurs
premières armes. « Le décret impérial du 12 juin 1856 ins-
titua, à Strasbourg, l'Ecole du Service de Santé Militaire.
Primitivement, les élèves étaient logés à l'Hôpital Militaire
d'où ils suivaient les cours de la Faculté de Médecine pour
pouvoir préparer leur doctorat. Nul ne pouvait exercer la
médecine ou la chirurgie dans l'armée s'il n'était docteur de la
Faculté de Strasbourg, de Paris et de Montpellier. Plus tard,
ils furent casernés dans ce bâtiment historique. Le premier
directeur proprement dit fut le Médecin-Inspecteur des armées
Sédillot, qui était en même temps professeur de pathologie
chirurgicale à la Faculté de Médecine.

« Comme le dit si bien notre camarade Granjux, dans la
Revue Hebdomadaire du 21 mars 1904, dans un article vécu,
intitulé : « Les Carabins au siège de Strasbourg », la grande
figure de Sédillot, l'un des plus illustres chirurgiens du
XIXe siècle, jetait un vif éclat sur la Faculté de Strasbourg, c'était
le joyau de ce riche écrin.

« Pour continuer à puiser dans les éphémérides du Corps de
Santé Militaire, rappelons que de l'Ecole de Strasbourg est
sortie une pléiade de savants illustres, de médecins, de chirurgiens, d'hygiénistes, de pharmaciens, travailleurs infatigables.
Les uns ont occupé une place légitime dans les académies,
d'autres dans la chaire du professeur, d'autres enfin sont morts
au champ d'honneur, soit par le feu de l'ennemi, soit par les
sournoises atteintes des épidémies qu'ils voulaient combattre.
Leur liste est trop longue ; leurs noms sont inscrits en lettres
d'or dans les annales de la science et les tablettes de
l'humanité.

« Les carabins ont toujours conservé le culte de leurs maîtres.
Les anciens Strasbourgeois doivent se rappeler encore ces
carabins qui traversaient la ville avec leurs cahiers de notes
sous le bras, pour se rendre soit aux cliniques des hôpitaux
civils et militaires, soit aux cours de la Faculté. Ces phalanges
passaient à des heures réglées. C'étaient de vivantes horloges
qui marquaient la reprise du travail. Mais aussi ces phalanges,
lorsqu'elles se déversaient dans la cité, aux heures de liberté
y produisaient-elles la gaieté et le mouvement. Nous obéissions
à l'effervescence de la jeunesse, au besoin impérieux de laisser
la discipline de l'école et le sérieux de l'amphithéâtre. Alors le

bicorne réglementaire, le claque, au lieu de partager le sourcil droit « en moyenne et extrême raison », selon l'ordonnance ou la formule mathématique, le partageait-il souvent en « moyenne et extrême déraison ».

« Bons Strasbourgeois, vous riiez de nos frasques, tandis que, nous, nous comptions sur votre indulgence et votre aménité. Elles ne nous manquaient jamais. Nous étions les enfants gâtés de la ville et une harmonie parfaite régnait entre les paisibles citoyens et cette jeunesse encline à toutes les turbulences, « Un vieux citoyen de Strasbourg me disait parfois en souriant derrière ses lunettes (c'était un vrai « Stock-Burger » celui-là) : On vous habille comme de petits généraux et vous vous comportez parfois comme des gamins terribles ! Puis, s'appuyant sur mon bras, crânant, fier, envers et contre tous, de son petit parent, le carabin, il prenait le chemin de l'Espérance... L'Espérance ! c'était le cénacle des vieux professeurs, des retraités, des érudits conteurs. La tabac et la blonde cervoise de cinq heures étaient de tradition. C'était avec une gravité de sénateur romain que l'on fumait et buvait. J'avoue à ma honte que je ne m'amusais pas beaucoup dans ce respectable milieu où il fallait être bien sage. Le devoir accompli, avec quelle vélocité j'allais quérir les joyeusetés de mes camarades.

« Mais le canon allemand troubla soudain les quiétudes de la bonne cité, de cette cité réputée dans toute l'armée française comme la meilleure des garnisons et dont l'éloge était chanté, sur toutes les routes et dans toutes les étapes, par les vieux brisquards dans une littérature si pittoresque.

« Le bombardement de Strasbourg fut le prélude de la mise en esclavage de l'Alsace et de la chute définitive de l'Ecole de Santé Militaire. Notre chère cité fut la première et la plus infortunée victime de 1870. Les Allemands, au lieu de respecter la Convention de Genève, tiraient « dans le tas » pour affoler la population. Ils l'ont remis en pratique ces dernières années avec une barbarie féroce.

« Le bombardement effectif qui révolte la conscience humaine, dura quarante-quatre jours consécutifs et fit des ravages terribles dans la population civile et la garnison. Je crois utile de rappeler à la jeune génération cette tragique épreuve.

· Après l'incendie de Wissembourg et la défaite de Frœschwiller, le général Uhrich qui commandait la place de Strasbourg, fit établir, le 7 août, sur la plateforme de la cathédrale, un poste d'observation permettant de surveiller, le jour et la nuit, la ville et ses environs. Le poste de vigie était desservi par six carabins, sous les ordres d'un ancien officier d'artillerie, M. Paget, alors professeur à l'Ecole d'artillerie, sur le Broglie.

« Le 25 et le 26 août, l'ennemi dirigea son feu presque uniquement sur la Cathédrale. Voici, d'après le journal de mon camarade Wickersheimer, une image de la tourmente : « Sous la pression des obus, la toiture de cuivre de la nef fut effondrée en peu de temps ; les charpentes de bois brûlèrent en longues flammes colorées en vert et en bleu par le cuivre en fusion ». C'est à ce moment que tout Strasbourg retentit de ce cri sinistre jeté par un porte-voix : Citoyens, à votre Cathédrale ! (Que ce porte-voix se fasse encore entendre, non pour un cri d'angoisse, mais pour un cri d'allégresse.) Les carabins qui n'étaient pas de service dans les hôpitaux et les postes de secours, se précipitèrent sur la plate-forme et purent diriger sur le foyer incendiaire l'eau des réservoirs et circonscrire le feu.

« Vers minuit, le feu de l'ennemi se ralentit, et le lendemain, au lever du soleil (ce n'était pas le soleil d'Austerlitz), il fut possible de juger de l'étendue du désastre.

« Le bilan de morbidité et de mortalité de guerre, parmi les carabins, pendant le siège, est impressionnant.

« Nos camarades Chesnay et Roy furent blessés le 24 août devant le grand portail de la cathédrale. Chesnay, frappé d'un éclat d'obus à la jambe, guérit en peu de temps ; Roy mourut le lendemain de ses blessures.

« Le 5 septembre, dans le corps de garde du faubourg de Pierre, un obus, en même temps qu'il tuait huit soldats, frappait mortellement mes camarades Lacour et Combier qui étaient de service. Mon ami et compatriote Lacour était de Sainte-Marie-aux-Mines. Lacour, affreusement mutilé des deux jambes, mourut pendant son transport à l'hôpital. Combier mourut le lendemain, après avoir subi l'amputation de la cuisse.

« C'est le 22 septembre que fut tué le camarade Bartholomot qui était de service à la porte des Juifs. Un pontonnier l'avait requis et l'emmenait en bateau pour le conduire à une redoute où il y avait des blessés. Quoique le bateau portât la Croix de Genève, les Allemands tirèrent dessus. Bartholomot fut atteint par une balle de rempart et ne tarda pas à mourir.

« Trois jours plus tard le camarade Grouille reçut sur le crâne un éclat d'obus qui le scalpa et le trépana tout à la fois. Grouille survécut, porteur d'une cicatrice glorieuse.

« Après avoir cité mes camarades blessés ou morts au champ d'Honneur, qu'il me soit permis de citer les noms des maîtres civils et militaires qui, dans la tourmente, nous ont laissé un impérissable souvenir: MM. les professeurs de la Faculté Rigaud, Herrgott, Michel, Hecht, Strohl, Beaunis Bouchard. Reeb, médecin principal, chef de l'Hôpital Militaire ; MM. Poncet, Claudot, Bleicher Lacassagne, Tachard. médecins majors ou médecins aides-majors, répétiteurs à l'Ecole.

« Permettez-moi aussi d'accorder un souvenir à mes car arades et cela me ramènera aux carabins. Pendant le siège mes camarades prouvèrent que les sentiments d'humanité et de dévouement ne sont pas seulement l'apanage de l'âge mûr. Les carabins, avec l'entrain de la jeunesse et le mépris du danger, n'ont jamais hésiter à se précipiter au secours des habitants de la chère cité qui les avait adoptés. Sans obéir à un sentiment d'orgueil, j'avoue que je suis fier d'avoir appartenu à l'inoubliable phalange.

« Le 8 septembre, le général Uhrich, commandant de la place assiégée, considérant que des carabins avaient été blessés et qu'il y avait lieu de donner les plus grandes garanties possibles à leur avenir, a arrêté que les Elèves de l'Ecole de Santé Militaire seraient traités, le cas échéant, sous le rapport de la pension, comme sous-lieutenants, et qu'ils seraient commissionnés avec le titre de médecin sous-aide. Si nous n'avions pas été commissionnés comme officiers, vingt-sept d'entre nous auraient obtenu la médaille militaire pour laquelle ils étaient proposés avec des citations élogieuses. Mais cette distinction, comme vous le savez, ne se donne qu'aux militaires de la troupe et aux officiers généraux ayant commandé devant l'ennemi. Par contre quatre de nos camarades, Grouille, Maury, Robuchon et Henne ont été nommés chevaliers de la Légion d'Honneur.

« M. le médecin-inspecteur Viry, ici présent, qui fut le premier directeur de l'Ecole de Santé Militaire de Lyon, en 1888, et qui y porta les bonnes traditions de l'Ecole de Strasbourg d'où il sortait, dans l'intéressant article qu'il publia, en mars 1913, dans la Revue intitulée *Æsculape*, résume, en lignes éloquentes, le rôle que jouèrent les carabins pendant le siège de Strasbourg et il rappelle cette phrase d'Edmont About, du livre *L'Alsace* : « Strasbourg regrettera longtemps ces petits carabins qui étaient la jeunesse et la gaieté de la ville et qui ont bravement versé leur sang pour la défendre ». Au milieu du danger les carabins ne perdaient pas leur humour. A une heure où les obus pleuvaient sur cette place, un de mes camarades et un aide-major rentraient précipitamment à l'Ecole. L'aide-major dit à son élève, devant cette porte : « Rentrez Monsieur, rentrez vite ». — « Oh ! non, répond le carabin, passez, passez vite, la mitraille me respecte pas la voie hiérarchique ». Nous ajouterons :

« Selon le moment et les circonstances, quand les carabins n'étaient pas de service commandé, ils remplissaient des fonctions multiples, tour à tour secouristes, pompiers, observateurs, etc. Certes ils n'avaient aucune aptitude pour remplir les fonctions de bonne d'enfant. Et, cependant, ils transportaient dans leurs bras inexpérimentés les petits enfants, de réduits en réduits, de caves en caves pour les sauver de la mitraille. Oh !

le regard reconnaissant des mères ! je ne trouve 'pas de récompense qui vaille celle-là.

« Ces petits enfants de 1870, ils ont grandi parce qu'ils étaient de la bonne graine, ils sont devenus des hommes et s'il pouvait s'en trouver ici, parmi vous, je leur donne, au nom de mes camarades, une dernière marque de sympathie, je les félicite d'être de nouveau rattachés à la grande patrie française.

« L'Ecole tomba en même temps que s'écroulèrent les remparts de la défense. Son agonie et surtout son sac nous furent particulièrement douloureux. Messieurs, mes chers concitoyens, le kaiser s'était promis que si l'Alsace était détachée de l'Empire allemand, son sol serait rasé et qu'il n'y resterait pas pierre sur pierre.

« Nos riantes prairies, nos riches vallées, nos majestueuses forêts, nos poétiques villages, nos anciennes et brillantes cités, subsistent toujours et la splendide métropole de l'Alsace, la cathédrale, est encore debout. Sa flèche ne porte-t-elle pas jusqu'aux nues l'hosanna de la délivrance ? Les rayons de lumière ne viennent-ils plus jouer dans ses fines dentelles ? Et le soleil couchant ne donne-t-il plus des tons de rose à ses pierres séculaires ? Son antique et géniale horloge ne fait-elle plus entendre son carillon ? Ne sonnera-t-elle plus pour vous des heures de prospérité ? Enfin les orgues sublimes de la grande nef ont-elles cessé de moduler des chants sacrés ? Ne tressaillerez-vous pas quand, dans l'avenir, elles accompagneront ce verset des Saintes Ecritures : *Deposuit potentes de sede et exaltavit humiles.* Je traduis : la Providence déposa de leur trône les potentats et éleva les humbles.

« Les potentats, mais c'est le kaiser atavique et mégalomane qui a fait massacrer des millions d'êtres humains pour donner une réalité à ses rêves de dément, mais ce sont encore tous les rois et princes qu'il a attachés à son char comme des esclaves pour l'aider dans la sinistre besogne.

« *Humiles*, les humbles ! ce mot votre cœur l'a déjà traduit, il rappelle nos glorieux poilus qui ont marché glorieusement contre les barbares, ont rendu l'Alsace à sa mère-patrie et ont sauvé le monde de la tyrannie.

« Je vous remercie de vos sympathiques applaudissements, ils ont un écho jusqu'au plus profond de mon âme, mais je ne puis les accepter tout entiers. J'en dérive la plus large part vers mes jeunes, nombreux et vaillants compatriotes qui, au péril de leur vie, sans la crainte d'être fusillés, dès la mobilisation, ont franchi la frontière pour entrer dans nos rangs, dans les rangs de leurs frères de France. »

Après lui, le médecin-inspecteur Viry prit la parole en ces termes :

« Après que le Strasbourgeois a parlé, permettez au Bitchois, fier de sa ville natale et dont les affections familiales les plus chères sont d'Alsace, d'exprimer, lui aussi, la joie profonde que cause la réalisation de ce rêve si souvent caressé pendant près de cinquante ans : se retrouver ici, en terre redevenue française, libres, en uniforme, devant cette école, en face de ce lycée où j'ai achevé mes études, à l'ombre de la cathédrale où flotte le drapeau de France.

« L'ami Ravenez nous a dit que lorsque, il y a bien longtemps, nous étions élèves de l'Ecole, nos distractions étaient parfois bruyantes et avaient besoin de l'indulgence des Strasbourgeois : je ne le contredirai certes pas et je remarquerai que cette indulgence se manifestait jusqu'au théâtre lorsque, pressés par l'heure, nous étions obligés de partir avant la fin de la représentation et dérangions plus d'un habitué mélomane.

« De fait, nous fréquentions beaucoup le théâtre et la musique a joué un rôle important dans les délassements d'un grand nombre ; beaucoup peuvent se rappeler les concerts donnés par le *Cercle musical des étudiants* soit à l'Orangerie, soit au foyer du théâtre ; nos bravos et ceux d'une assistance nombreuse et choisie allaient alors à Puyvarges, à Pénot, à Kopff, à Accolas, à Susini, aux chefs d'orchestre Elbel et Lecuyer... et j'en oublie !

« Une autre société plus modeste, mais dont le titre était quelque peu ronflant, la *Société littéraire des Ecoles*, se réunissait chez Ungemach. Il n'était pas alors question pour lui d'être président de la Chambre de commerce, de remplir les hautes fonctions de maire de Strasbourg comme il l'a fait après l'armistice, ni même de gagner la croix de la Légion d'honneur comme lieutenant des francs-tireurs pendant le siège de 1870, mais tous ceux qui se sont assis dans son salon de la place de l'Homme de fer lui gardent profonde reconnaissance de l'hospitalité reçue et du bienfait intellectuel qu'ils en ont ressenti.

« Je suis certain que je traduis la pensée de Richard, de Pierrot qui m'écoutent et qui ont été parmi les assidus de ce petit cénacle dont les grands pontifes furent Colignon, Kiener, Bœrner, le plus jeune des Lereboullet et Ungemach lui-même.

« Notre *Association* accomplit, ces jours-ci, les derniers rites de la religion du souvenir qu'elle a pratiquée depuis 1872, mais le passé de notre chère école de Strasbourg se relie au présent et à l'avenir, cela par deux institutions : l'*école de Lyon* et la *Société des Elèves et Anciens Elèves du Val-de-Grâce*.

« Lorsque, après la loi de décembre 1888, le décret de 1889

a transporté à Lyon l'Ecole du Service de Santé militaire, ce fut sous la direction d'abord de Vallin, ancien répétiteur de Strasbourg, qu'elle fonctionna pour réaliser les vues de Dujardin-Beaumetz, Didiot, L. Colin, Chambé. Nous avons, Pierrot qui me succéda comme sous-directeur et moi, puis ensuite Kelsch, Vaillard, Chavasse qui commandèrent l'école après Vallin, introduit à Lyon tout ce que notre mémoire nous a rappelé de bon venant de Strasbourg. Le nom de Bartholomot, le plus ancien des élèves tués ici, en 1870, a été donné à un local de l'Ecole. Lacassagne a continué à la Faculté de Lyon les traditions de nos maitres de la Faculté de Strasbourg. Monoyer a fait, chaque année, participer nos élèves aux fêtes de l'Arbre de Noël des Alsaciens-Lorrains. Et c'est aussi en se rappelant ses années d'études à Strasbourg que Lourties, en 1888, a fait ressortir, à la tribune de la Chambre, la nécessité du rétablissement de l'Ecole du Service de Santé militaire : il n'était encore ni ministre, ni sénateur, mais je me souviens de l'ardeur avec laquelle le député a défendu notre cause et l'a fait triompher.

« Le Corps de santé militaire a pris une nouvelle vigueur dans la création de l'école de Lyon et le bien de l'armée et du pays exigent qu'on ne déforme pas les traditions que Strasbourg a léguées à la cité du Rhône.

« Plus tard, d'accord avec les élèves de Lyon et plusieurs de nos camarades, nous avons pensé qu'il était utile de fonder une Société analogue à la Saint-Cyrienne et, à la fin de 1913, s'est organisée la *Société amicale des Elèves et Anciens Elèves du Val-de-Grâce* qui a été reconnue d'utilité publique le 2 février 1917. Elle a pour but essentiel, mais non unique, de porter aide aux camarades malheureux et à leurs familles et elle se propose en outre d'honorer la mémoire des officiers du Corps de santé morts victimes de leur dévouement. Vous voyez combien est grande et opportune la tâche actuelle de la Société et comment elle est destinée à relier la chaîne du passé à celle de l'avenir ».

Puis ce fut le tour du camarade Granjux. Il déclara que les sentiments si émotionnants exprimés par Ravenez de la fidélité à Strasbourg n'étaient pas l'apanage exclusif des Alsaciens et des Lorrains, mais qu'ils étaient partagés par tous les carabins, quel que fut le lieu de leur naissance.

« Ces sentiments, dit-il, sont actionnés par deux mots : *L'Ecole* et *Strasbourg*.

« A l'*Ecole*, certainement tous les jours n'étaient pas gais ; mais, avec le recul du temps, ces petites misères sont oubliées, tandis que rayonne plus que jamais l'enchantement de la camaraderie. Le lycéen, parlant de ses condisciples, dit « mes camarade ». Dans l'armée l'officier, comme le soldat, dit « mon camarade ». A Saint-Cyr, à Polytechnique on est camarade. On l'était aussi à Strasbourg, et bien que tous nous soyous très fiers d'être médecins, nous ne nous appelons pas entre nous « mon cher confrère », mais « mon cher camarade ». C'est que la camaraderie, faite de la communauté d'origine, d'un même idéal, de l'estime réciproque, résultat d'une vie commune pendant des années, est la plus haute expression de l'amitié.

« Et puis de notre école nous sommes fiers, car nos jeunes, nos fœtus s'y sont conduits héroïquement pendant le siège, comme l'a rappelé l'ami Ravenez. Aussi le Conseil municipal leur vota, après la capitulation, des remerciements. Ce sera toujours grand honneur pour eux que la Ville dont les blessures saignaient encore, et qui râlait sous la main brutale de l'Allemand, se soit arrachée un moment à ses tristes pensées pour jeter un dernier adieu à ses chers carabins.

« *Strasbourg* ! Quel charme ce mot évoque ! Quels souvenirs a laissés dans nos esprits cette ville à l'aspect moyenageux, dont la population avait conservé les mœurs simples, les coutumes familiales, et nous traitait en enfants gâtés !

« Personnellement, je suis revenu à Strasbourg à la fin de juillet 70. J'ai vu les transports de joie avec lesquels étaient accueillies les troupes d'Afrique.

« J'étais encore là le 4 août quand parvint à Strasbourg la nouvelle que les Allemands étaient entrés à Wissembourg. Les visages devinrent subitement graves, sérieux, mais pas d'affolement. Les Strasbourgeois furent de suite à hauteur de la situation.

« Deux jours après, je constatais à Frœschwiller le patriotisme, le dévouement absolu de l'Alsace. Et voilà pourquoi nous sommes si fiers d'être ses enfants adoptifs.

« Aussiquand, à Paris, on nous appelle « les vieux Strasbourgeois », nous sommes très flattés, et de notre cœur monte à nos lèvres ce cri : Vive l'Alsace ! Vive Strasbourg ! »

On pénétra ensuite dans la cour de l'Ecole dont l'accès avait été autorisé par le Directeur des P. T. T. ; celle-ci a été rapetissée et il nous fut interdit de revoir la salle de récréation, le réfectoire, les études et les dortoirs et l'on se dirigea vers l'ancienne faculté et l'hôpital civil par le *trajet réglementaire*, chacun rappelant des souvenirs accumulés pendant tant d'années.

A l'hôpital, réception par le directeur, M. Ortlieb, qui nous souhaita la bienvenue avec une grâce parfaite et nous montra les drapeaux qui ornent son cabinet. Ils portent deux dates : 28 septembre 1870, 25 novembre 1918 ; ce sont les drapeaux qui, les jours de fête, ornaient la façade de l'hôpital avant 1870 ; le jour de la capitulation on cacha l'étoffe détachée des hampes en la confiant aux sœurs hospitalières qui gardèrent ce pieux dépôt en le dissimulant avec un soin continu jusqu'au moment où l'on put les arborer de nouveau, le jour de l'armistice.

Le professeur Lacassagne, correspondant de l'Institut, associé national de l'Académie de médecine, prononça l'allocution qui suit :

« Chers amis et vieux camarades,

« Nous nous retrouvons à Strasbourg ! c'est la réalisation d'une espérance longtemps caressée. Bien souvent, chacun a pensé revoir la ville dans laquelle nous avons fait notre apprentissage médical, appris le meilleur de nos connaissances biologiques, contracté ce pli professionnel si caractéristique d'une forte éducation technique et scientifique. Beaucoup n'ont jamais désespéré et voilà le fruit que nous cueillons aujourd'hui.

« Hélas ! les années ont fui, emportées par le temps, ce vieillard amaigri, aux grandes ailes, ayant une faux pour moissonner le troupeau des humains.

« Comme nos années d'école sont lointaines, maintenant elles nous paraissent vite passées, et, pendant notre scolarité, elles semblaient interminables. Plus tard, et successivement, ce furent la situation fixée. la sécurité relative de l'âge mûr, les joies et les grandes douleurs de la famille, la retraite : toutes ces étapes différentes de la vie n'ont pas persisté. Il y a eu des moments de tristesse et des périodes de bonheur : rien n'est stable, rien ne dure. Impossible de jeter l'ancre dans le fleuve de la vie !

« Mais vous êtes-vous demandé pourquoi bon nombre de nos camarades, depuis qu'ils ont quitté Strasbourg, conservent, dans un coin de leur cœur, un attachement persistant pour cette ville, affection qui s'est accrue depuis le siège et le dépeçage brutal de l'Alsace et de la Lorraine, séparées ainsi de notre patrie ?

« Comment se fait-il que nous soyons si peu nombreux : un demi-cent de camarades valides ont cependant répondu à l'appel. Beaucoup ne purent entreprendre ce voyage, mais d'autres, tout en ayant les mêmes sentiments, n'ont pas, comme nous, éprouvé le besoin de les satisfaire. Je crois que nous, ici présents, sommes des sensitifs et des imaginatifs, écoutant la voix du cœur qui, aujourd'hui, nous dédommage. On nous appellera des rêveurs, des romantiques. Qu'importe ! nous sommes su a terre promise et désirée depuis si longtemps.

« Mais, dirais-je, encore une fois : comment cet impérieux besoin d'aimer Strasbourg et de le revoir en terre française a-t-il persisté ?

« Sans doute, par la même raison qu'il s'est continué de génération en génération chez les Alsaciens : ce fut un culte, une foi, une religion dans le sens de lien qui rapproche, lie et unit.

« Peut-être que ces cœurs aimants de France et d'Alsace ont vibré, à l'unisson, pendant près d'un demi-siècle. Il s'est ainsi créé des courants de sympathie, c'est-à-dire un transfert et, des deux côtés, la même souffrance. Je crois que ces sentiments tenaces et forts, cette radiation de pensées se sont transmis à travers l'espace. C'est ce qui se produit pour les ondes hertziennes. Ne pourrait-il pas y avoir, de même, transmission sans fil ? N'a-t-on pas fait pareille supposition pour expliquer les phénomènes de télépathie et autres transmissions de la pensée?

« L'hypothèse indiquée n'est pas absurde : elle est bienveillante, affectueuse même, puisqu'elle nous permet de croire que nos sentiments pour les Strasbourgeois sont de même nature et aussi durables que ceux des Alsaciens pour nous.

« Ce n'est pas tout : il faut aussi tenir compte du milieu. On dit que les choses, objets, monuments détériorés ou en partie détruits, paraissent pleurer et prendre part à nos émotions, à notre état d'âme. Il arrive aussi qu'en nous rappelant des souvenirs heureux, des paysages trouvés ravissants dans notre jeunesse, nous éprouvons la joie et le sourire. Comme nous avons été émus ou doucement attendris en revoyant la cathédrale et sa flèche empanachée du drapeau tricolore, le Broglie, les Contades, l'Orangerie. Avec le poète, nous redisions : « Objets « inanimés avez-vous donc une âme, qui s'attache à notre âme... »

« Oui, combien ce pèlerinage est tonique et fortifiant : les pensées de la jeunesse lointaine, les souvenirs des camarades auprès desquels nous avons vécu quatre années, et que nous n'avons pas revus depuis un demi-siècle. Tout cela bourdonne dans ma tête, et si je m'attardais à en parler, je sens que je n'aurai plus de voix.

« En venant ici, à l'Hôpital civil, nous avons, partant de l'ancienne École, suivi le trajet réglementaire : il est vrai de dire que cette *via dolorosa* du temps jadis est restée la même jusqu'à la place du Pont-du-Corbeau. La rue des Bouchers, en son milieu, sur sa gauche, a été ouverte et laisse passer la ligne de tramway qui va au pont de Kehl. J'ai pensé que cette seconde partie, autrefois parcourue à toute heure du jour par les *Carabins rouges*, pourrait prendre cette dénomination nouvelle en souvenir des étudiants militaires, ainsi appelés par les Strasbourgeois. Les étudiants des promotions qui ont si souvent défilé dans cette rue, leur succès à la Faculté et à l'Hôpital civil, la fidélité que nous, les vieux, avons conservée pendant plus de cinquante années donnent, semble-t-il, quelque droit à cette demande. N'avons-nous pas, anciens Carabins rouges, pris, acquis et conquis une certaine aspiration au titre de citoyen de la ville ?

« Tâchons d'obtenir de la municipalité l'acquiescement à ce vœu modeste, mais si important pour la glorification de notre passé scolaire : donner à la seconde partie de la rue des Bouchers le nom de *rue des Carabins rouges*.

« Que l'honorable corporation des maîtres-bouchers ne voie pas là une usurpation : c'est simplement un changement de mots.

« Evoquons ici, où fut notre première école professionnelle, le souvenir de nos maîtres incomparables. Pour ma part, j'ai quelque fierté à dire que c'est à eux, à leur méthode que je dois tout ce que je sais et suis devenu. N'oublions pas, avant de nous séparer, de donner une pensée à nos jeunes camarades, tués en 70, pendant le siège.

Je termine par ces deux vers qui résument nos affections communes :

> Gloire à notre France éternelle
> Gloire à ceux qui sont morts pour elle.

Vive Strasbourg ! Honneur à l'Alsace-Lorraine ».

L'hôpital civil a été notablement agrandi depuis 1870, mais les visiteurs s'attachèrent surtout aux souvenirs du passé et saluèrent avec respect les bustes de Schützenberger, puis de Jules Bæckel.

Devant l'effigie de ce dernier, le médecin inspecteur général Delorme, avec l'autorité qui lui appartient, résume, les travaux scientifiques de Bæckel et dit son influence sur ses élèves. Pour le confirmer le docteur Granjux rappela que Bæckel s'étant ouvert l'arcade palmaire en faisant une autopsie, on pratiqua la compression digitale : l'interne et les externes du service s'étant réservé le droit de s'y consacrer, les autres élèves éprouvèrent une véritable désolation d'être privés du privilège de chercher à être utile à leur maître.

A l'hôpital militaire, ce fut une réception tout à fait charmante par le directeur du Service de santé du territoire d'Alsace, médecin inspecteur Prost-Maréchal, le médecin chef de la Place, médecin principal de 1re classe Vitoux et le médecin principal de 2e classe Roussel, chef de l'hôpital, qui fit les honneurs de sa maison avec une grâce, un entrain et une aménité respectueuse qui firent la conquête de tous ses vieux camarades. Un lunch était préparé auquel prirent part tous les médecins de la place et durant lequel la plus franche camaraderie entretint les propos les plus animés.

Le médecin inspecteur Pierrot fut l'interprète de tous en disant, dans une improvisation tout à fait heureuse, la joie de se retrouver dans cet hôpital où avaient été montées les premières gardes, où revit le souvenir du médecin en chef d'alors Haspel, des médecins traitants Leuret et Sonrier et de tous les répétiteurs de l'Ecole militaire.

Le médecin inspecteur Viry fait savoir, à cette occasion, qu'il était chargé de présenter aux camarades venus à Strasbourg les regrets de n'avoir pu se joindre à eux, des deux survivants de la glorieuse phalange des répétiteurs de l'Ecole militaire de Strasbourg, MM. Beaunis et Vallin, âgés, l'un de 89 ans, l'autre de 85 ans.

Le médecin principal Roussel signale la pauvreté de la salle d'honneur de son hôpital : les Allemands n'y ont pas laissé un seul livre et il n'a ni gravure, ni souvenir, sauf un : le registre des visiteurs de l'hôpital depuis 1870 et parmi eux il est des Allemands notoires. Le médecin inspecteur général Delorme demande aux camarades de signer ce registre « pour le purifier » et les signatures sont apposées. Puis une liste est établie de ceux qui pourront envoyer à l'hôpital livres ou souvenirs.

Mais on ne se sépare pas sans visiter les salles de malades, celle notamment où étaient traités les élèves de l'Ecole. On regrette la disparition des dessins dont Brénat avait orné la salle de garde et qui avaient tant réjoui ses camarades à l'époque où ce même Brénat illustrait la chanson des *Deux gendarmes* qui fut, dans l'Ecole, l'occasion d'événements dont la plupart ont gardé la mémoire.

Enfin le médecin chef Roussel a l'obligeance, en l'absence du professionnel qu'on a vainement recherché, de photographier le groupe des assistants (1).

Le soir a eu lieu au *Palais des fêtes*, dans une vaste salle décorée de drapeaux, le *banquet de la délivrance*.

Les autorités auxquelles des visites avaient été rendues avaient été conviées, ainsi que les bureaux des deux sociétés d'étudiants alsaciens et les représentants de la presse.

Le menu avait été inscrit sur des cartes rapportées de Paris, représentant la cathédrale, du modèle qui avait servi dans tous les banquets antérieurs.

---

(1) Cette photographie, très bien réussie, a été agrandie 20/10 par le photographe Carabin, ateliers Weiss, 22, avenue de la Marseillaise.

Une lettre circulaire a prévenu les camarades qu'elle serait envoyée à ceux qui adresseraient à M. Carabin, avec demande, un mandat de 6 fr. par exemplaire. Chez ce même photographe on trouve des vues prises pendant la revue du 11 juillet. Sur une d'elles, un groupe des membres de l'*Association* est parfaitement reconnaissable.

Dire la joie profonde qui animait les convives serait impossible et leurs sentiments trouvèrent un interprète éloquent dans le président de l'association, qui ouvre la série des toasts par une chaleureuse improvisation, maintes fois entrecoupée par les applaudissements, mais dont on ne trouvera ici que quelques fragments, notre camarade n'ayant pu se la remémorer et l'écrire en entier.

« Lorsqu'après nos désastres de 1870 5, dit-il en débutant, « tous les Français ont souffert, ceux-là ont souffert plus cruellement encore qui avaient connu la ville de Strasbourg et, dès lors, l'avaient aimée, et parmi eux, tout particulièrement, ceux dont elle avait formé la jeunesse, ceux qui l'avaient défendue pendant la guerre malheureuse et qui, par le fait de nos échecs militaires, l'avaient perdue avec l'Alsace toute entière et une partie de la Lorraine. De ceux-là, précisément, étaient les élèves de l'ancienne Ecole du Service de Santé Militaire ; voilà pourquoi ce sont eux qui, pour conserver le culte de Strasbourg, ont inauguré l'Association des Anciens Etudiants de Strasbourg, comprenant les anciens étudiants de toutes les facultés ; voilà pourquoi, pendant bientôt un demi-siècle, ils se sont toujours montré les plus fidèles et les plus empressés à ses réunions ; voilà pourquoi ils se retrouvent ici particulièrement nombreux aujourd'hui.

« Au cours de ces réunions, tous animés d'un amour filial pour Strasbourg, nous aspirions au jour béni où nous pourrions nous réunir enfin, à l'ombre de sa cathédrale, auprès de ses facultés et de cet hôpital qui avaient été notre berceau scientifique commun et dont les images pieusement conservées étaient pour la circonstance, le principal ornement de la salle quelle qu'elle fut. Ce jour de gloire et de bonheur est enfin venu. Heureux ceux d'entre nous qui ont assez vécu pour le voir luire ! Leurs yeux peuvent se fermer maintenant, ils mourront heureux.

« Mais, dès à présent, hantés du désir de voir se maintenir et se perpétuer les traditions qu'ils ont reçues de leurs maîtres vénérés, dans la nouvelle Université française de Strasbourg, qu'ils rêvent de voir rayonnante de splendeur scientifique et de gloire, ils veulent en remettre le dépôt sacré dans les mains des jeunes, leurs successeurs. »

Puis, ayant demandé à ceux-ci de l'accepter, certain qu'en leurs mains il sera bien placé, le président parlant avec enthousiasme des anciennes facultés de Strasbourg, et de l'ancienne Faculté de Médecine en particulier, rappelle l'enseignement de ses anciens maîtres : Hermann, Caillot, Schutzenberger, Hirtz,

Sédillot, Michel, Tourdes, Coze, Herrgott, Bœkel, etc., rappelle spécialement Kœberlé, faisant, le premier, l'ovariotomie, et avec quel succès ! à une époque où Pasteur n'avait pas encore imposé par ses découvertes l'antisepsie ; Sédillot, qui, par sa chirurgie essentiellement propre, obtenait de si remarquables succès chirurgicaux ; Kuss, qui enseignait déjà la pathologie cellulaire en nous initiant au « globule » et à son rôle physiologique et pathologique ; Morel, qui avait déjà organisé l'enseignement histologique et faisait passer sous nos yeux de nombreuses projections sur des microscopes mobiles, ingénieusement disposés pour circuler d'un élève à l'autre sur des tables spéciales. N'oubliant pas les joyeux moments de détente et parfois de folies, il rappelle les plaisirs nombreux, faciles et peu dispendieux qu'offrait Strasbourg à la jeunesse de ses écoles.

Il souhaite enfin aux jeunes une large compensation des souffrances endurées au cours de la longue captivité sous la domination allemande et les félicite chaleureusement de leur tenue morale et de leur fidélité au culte de la France.

« Combien », ajoute-t-il, « vous avez dû souffrir pendant ces quarante-huit ans de captivité, braves et vaillants habitants de l'Alsace, et comme nous comprenons maintenant tout ce qu'il y a de vérité dans ces mots de mon vieil ami Erckmann : « On changerait plutôt le cœur de place, que de changer la vieille Alsace ! » Et vos souffrances, combien aussi nous le comprenons et nous y compatissons, ayant vu à l'œuvre nos ennemis communs, au cours de cette guerre.

« Ils ont violé les lois de l'honneur, ils ont violé les lois de la guerre, ils ont violé les lois de l'humanité, et ils voulaient nous imposer leur infâme culture, qui aboutit à de telles infamies ! Nos braves armées et le patriotisme de tous ont heureusement déjoué leurs projets et fait justice de leurs prétentions colossales. Ils sont vaincus, bien vaincus, chassés, disqualifiés à jamais, mais il ne faut pas qu'ils puissent, une fois encore, venir ravager la France matériellement et moralement ; il faut que nos sacrifices et nos succès nous assurent cette indispensable sécurité. Il faut pour cela que l'Alsace et la Lorraine, si longtemps considérées comme les bastions avancés de la France et de l'humanité contre l'Allemagne et la barbarie, en deviennent les boulevards, et pour cela que leurs bastions en soient reportés sur la rive gauche du Rhin qui en sera le fossé. »

L'auteur montre ensuite l'importance patriotique d'avoir à Strasbourg une Université des plus florissantes et, pour cela, pourvue d'un personnel de haute valeur et de grande notoriété et d'un matériel des plus complets et des plus perfectionnés, afin qu'en éclairant la France, elle rayonne en même temps sur l'Allemagne et témoigne aux yeux de tous de sa supériorité, et il termine en disant :

« Pour tous les étudiants, et pour ses carabins en particulier, Strasbourg a été la mère indulgente et bonne, et sa population, qui nous avait adoptés, était devenue pour nous une nouvelle famille, au sein de laquelle venaient prendre place comme des enfants ou des neveux tous les étudiants.

« Chaque groupe travaillait séparément et travaillait ferme, sous l'œil vigilant de ses maîtres, tous ensemble ils s'amusaient de même, joyeusement, et en plein accord, et tous portaient la même affection à leur commun foyer familial, aussi venons-nous, tous ensemble, en témoigner aujourd'hui, et lui porter l'hommage de notre reconnaissance et de notre respect, en même temps que nous venons honorer la mémoire de nos morts, maîtres et camarades, et nous serrons cordialement la main de nos neveux, les étudiants français de Strasbourg captive et de Strasbourg délivrée, en leur confiant l'avenir de notre Association. Celle-ci, désormais, n'en fera, s'ils le veulent bien, qu'une seule avec la leur, dans laquelle nous figurerons au titre d'ancêtres, n'ayant plus d'autres aspirations et d'autre but que d'aider et d'applaudir aux succès de leurs jeunes collègues en qui revivront leurs traditions, comme ont revécu en eux les traditions de leurs maîtres et de leurs anciens.

« C'est dans ces sentiments, Mesdames, Messieurs, mes chers Camarades, que je lève mon verre en l'honneur de Strasbourg et de l'Alsace-Lorraine, redevenue française de fait comme elle n'a cessé de l'être par le cœur ;

« A la mémoire de nos maîtres vénérés, à la mémoire de nos anciens et de nos camarades qui ont disparu trop tôt pour voir réaliser leur rêve et leur espoir d'assister un jour à la rentrée triomphale de l'Alsace et de la Lorraine dans la grande famille française ;

« A la gloire de l'Université française de Strasbourg ; à nos chers camarades présents et absents des deux Associations actuelles d'étudiants de Strasbourg, à qui nous demandons d'être désormais leurs collègues. »

Le Commissaire de la République, M. Julliard, continue la série des discours par une brillante allocution au cours de laquelle il fait ressortir notamment les résultats heureux qu'il attend de la visite de l'Association.

Après lui, le professeur Treille prononce des paroles émouvantes, se considérant dit-il, avec tous les anciens étudiants de Strasbourg, comme fils de l'Alsace, il apporte à ses camarades et aux Strasbourgeois le salut cordial et fraternel des Alsaciens d'Algérie..

Nombreux sont ceux, qui après la douloureuse séparation de 1871, y trouvèrent un refuge. En premier lieu, des magistrats, dont il se félicite d'avoir été l'ami, ou avec lesquels, il entretint les relations les plus cordiales. Parmi ceux-là, il cite Zeys, qui fut premier Président de la Cour d'appel d'Alger puis, Conseiller à la Cour de cassation ; Rack, mort premier président de la Cour de Rouen, au moment où il allait être appelé à la Cour de cassation, Bœrner, ancien Procureur à Constantine, le Président honoraire de la Cour d'Appel d'Alger, Verner, qui a eu la douleur de perdre deux de ses fils, morts glorieusement pour la France, et d'autres encore.

Puis ce furent des universitaires comme Bruch, directeur de l'Ecole de Médecine d'Alger, beau-frère du pasteur Gérold, dont la fermeté et le courage civique firent l'admiration générale en France.

L'Algérie s'honore d'avoir été choisie pour permettre à des agriculteurs alsaciens de venir s'y reconstituer un foyer. Elle n'oubliera jamais le concours qu'ils lui ont apportés pour la colonisation, et il engage les jeunes étudiants à aller visiter les villages qu'ils ont créés.

Le département de Constantine est fier de posséder des contrées qui portent les noms de Ribeauvillé, Rouffach, Strasbourg.

« Parlerai-je », continue-t-il, « de cette admirable Légion étrangère, qui s'est conduite durant la guerre, d'une manière vraiment sublime. C'est en vain que le Kaiser essaya à maintes reprises de la désagréger. Nous n'eûmes jamais, nous, Algériens, la moindre inquiétude à cet égard, car nous savions que cette troupe d'élite reposait sur des piliers inébranlables, qui étaient les Alsaciens-Lorrains.

« Les Alsaciens d'Algérie ou leurs parents d'Alsace sont enfin libres de se réunir, de renouer des relations qui ne pourront qu'être profitables aux deux pays » et il lève son verre en l'honneur des uns et des autres.

Ensuite la parole est donnée à M. Symon de Villeneuve, âgé de quatre-vingt-trois ans, ancien sous-aide de Crimée, venu des Côtes-du-Nord pour apporter, lui aussi, son hommage au cher Strasbourg. Voici son allocution :

« Mesdames, Messieurs, mes Chers Camarades,

« Mon âge avancé, quatre-vingt-trois ans, peu enviable privilège, et aussi ma qualité de doyen des Anciens Etudiants Strasbourgeois, comme du Service de Santé, me font un devoir, un très doux devoir, de prendre, au nom de mes camarades ici présents, la parole au dessert de ce joyeux banquet qui, tout amical et confraternel qu'il soit, n'en est pas moins émotionnant, vu les circonstances qui l'ont fait naître : n'est-il pas dénommé, en effet, « Le Banquet de la Délivrance » !

« J'aurais aimé, est-il besoin de vous le dire, après avoir salué les *Jeunes* qui vont remplacer les *Anciens*, célébrer en bons termes le retour dans le sein de la Mère-Patrie de l'*Alma Mater* strabourgeoise.

« Mais, pour parler en ce cas, et comme il conviendrait, un Clemenceau avec ses mots à l'emporte-pièce, un Viviani aux mâles et vibrants accents, voire même un Raymond Poincaré, *Vir bonus discendi peritus*, dont les belles périodes oratoires font penser à Bossuet, ne seraient certainement pas de trop.

« Au lieu de ces orateurs d'élite, vous n'avez devant vous, Mesdames, Messieurs et chers Camarades, qu'un vieux débris de la guerre de Crimée, docteur de Strasbourg du 11 janvier 1838, le plus ancien et l'un des rares survivants de ces sous-aides-majors brevetés en 1836 (dont l'unique mérite est d'avoir servi de point de départ, d'avoir été la genèse de cette fameuse Ecole de médecine militaire si brillamment représentée à cette table) et qui lui, obscur médecin, retiré dans un petit canton rural de Basse-Bretagne, son lieu de naissance, est complètement étranger à l'art de bien dire, quoique son cœur soit toujours resté chaud, et que ses cellules nobles aient été respectées par la sclérose.

« Heureusement que j'ai mieux à vous offrir et, pour cela, je n'ai qu'à ouvrir le *Bulletin Médical* du 7 décembre 1918, pour y relever des lignes émotionnantes, signées d'un camarade, auquel son ancienneté de services, son haut grade dans le Service de santé, donnent une autorité capitale.

« Je demande la permission de vous les lire :

« Ce qui s'est passé à l'Ecole de Strasbourg est particulière-
« ment suggestif pour démontrer les bienfaits d'une Ecole spé-
« ciale du Service de santé militaire.

« En ce moment, les Anciens Elèves de Strasbourg, quoique
« la marche du temps en ait considérablement réduit le
« nombre, s'appellent d'un bout de la France à l'autre pour,
« comme ils l'ont fait à Paris ou à Nancy, chaque année depuis
« 1873, se grouper, cette fois-ci, à Strasbourg même, et y
« manifester au foyer de leur éducation médico-militaire, la
« fidélité de leur souvenir et de leur reconnaissance à leurs
« anciens Maîtres, à la Cité Strasbourgeoise et à l'Alsace. N'est-
« ce point là la marque d'un esprit de solidarité tenace et
« réfléchie puisqu'elle persiste depuis un demi-siècle? Et
« l'esprit de corps, qu'a si bien consolidé l'Ecole de Stras-
« bourg, n'a-t-il pas été, pour l'exécution des tâches militaires,
« une force puissante en engendrant la facilité, la cordialité et

« la sûreté des rapports entre supérieurs et subordonnés, en
« créant l'unité de doctrine pour tout ce qui touche à l'orga-
« nisme médico-militaire... »

« A un si noble langage, à ces paroles viriles et si pressantes
de M. le médecin-inspecteur Viry que pourrait-on ajouter ?
« Rien, n'est-ce pas ? et n'oubliant pas que les toasts les plus
courts sont les meilleurs, je vais me taire, non sans avoir bu à
la santé de tous les camarades tant présents qu'absents.

« Vidons bien nos coupes, jusqu'à la dernière goutte, pour la
prospérité et la gloire de l'Alsace-Lorraine, de sa capitale surtout, la fière, l'indépendante, la libre cité strasbourgeoise, ado-
rées de nous tous, enfin retrouvées et redevenues à jamais
françaises, surtout si nos vaillants frères consanguins de la
rive gauche peuvent se décider à venir loyalement joindre leurs
mains aux nôtres. J'ai dit. »

Ce fut ensuite le tour de parole du médecin-inspecteur
Fournié :

« Mes Chers Camarades,

« La promotion de 1867 tient à réclamer une large, très large
part des joies de ce jour, non certes qu'elle prétende à une sen-
sibilité spéciale ou à un affinement particulier, indicateur d'une
organisation supérieure (la prétention serait bien mal justifiée
dans un milieu fait de tant d'éminents anciens et de tant
d'éminents conscrits), mais elle ne peut oublier que c'est elle
qui, vis-à-vis de l'armée et des services publics de cette ville, a
surtout représenté l'Ecole du service de santé militaire pendant
le siège de 1870, que c'est elle qui a assuré — luxueusement
assuré — le service des postes de secours installés à toutes les
portes, et dans tous les postes avancés de la Place, que c'est
elle qui a accompagné les sorties des assiégés, que c'est elle qui
a entraîné et stylé les jeunes camarades que l'inexpérience
professionnelle condamnait à une réserve tant de fois regrettée,
que c'est elle qui, la première, a signé de son sang l'œuvre du
Service de santé de la Place, que c'est elle enfin qui, pendant
que les Allemands, ivres de leur triomphe, entraient aux sons
des fifres et des tambours dans la ville conquise, cherchait des
issues de défilement pour pousser les jeunes collègues à
s'échapper en groupes silencieux et par plusieurs portes à la
fois afin d'emporter au fond de leurs cœurs les dieux lares
qui, hélas ! devaient tant tarder à revenir.

« Tous ces souvenirs, après la dernière étreinte de l'*Alma
Mater*, se sont groupés dans sa mémoire en un long chapelet
de regrets, de tristesses, de fiertés douloureuses et d'espérances. Ce chapelet qu'égrenaient religieusement tous ses

élèves dans leurs rencontres, menaçait de rester une vision désolée pour tous les expectants de la justice immanente lorsqu'il est arrivé subitement à son dernier grain le 11 novembre 1918.

« Et c'est pour cela que la promotion dont je me fais l'interprète veut trouver plus de saveur aux bienfaits de la victoire, veut sentir plus fort les joies de cette réunion, veut applaudir plus longuement les auteurs du bien reconquis, veut clamer plus haut son enthousiasme et sa fierté.

« La brillante conduite des représentants du Service de Santé pendant le siège de Strasbourg et pendant toute la guerre de 1870, a été trop souvent évoquée dans les réunions passées pour qu'il y ait intérêt à la rappeler une fois de plus aujourd'hui. Il me paraît plus opportun de constater, à un point de vue plus général, l'emprise qu'ont créée à l'abnégation et au dévouement notre profession et les principes familiaux du milieu social dont nous sommes issus. Vous devinez les suggestions que ces points de vue pourraient susciter si le temps n'imposait quelque réserve aux orateurs de cette réunion..... Je me contenterai de rappeler que ceux de notre École qui se sont prodigués sur la terre alsacienne en 1870, ont été vaillants jusqu'au sacrifice et que cet exemple, joint à l'incitation héroïque qui grandit avec le pressentiment des dangers ambiants dans le cœur de la jeunesse de nos Ecoles a fait surgir de la médecine militaire de la dernière guerre une pléiade de héros qui restera l'honneur impérissable de notre profession. Nos journaux ont conté, à plusieurs reprises, les épopées de nos jeunes camarades, en particulier des médecins auxiliaires, représentants par leur âge les élèves de notre vieille Ecole, et aspirant pour un bon nombre à devenir des nôtres. Il y a dans ces relations une moisson prestigieuse d'héroïsme, absolument faite pour nous enorgueillir : activité inlassable de jour et de nuit, dévouement alerte jusqu'à la témérité, acceptation volontaire, le plus souvent enthousiaste, des missions les plus périlleuses, effusion de l'assistance professionnelle dans tous les milieux et au mépris de tous les obstacles... Rien n'a manqué en fait d'audace et d'abnégation à cette fièvre ardente de l'action et du sacrifice dont le récit émeut jusqu'aux larmes.

« Oh, la belle jeunesse ! oh, la sainte profession que celle qui s'entend à si bien ensemencer les terrains, à si bien exalter les volontés, à si bien susciter les enthousiasmes ! Je la bénis du fond du cœur pour l'élan qu'elle sait donner à toutes les initiatives généreuses ; je la bénis avec la fierté d'un ennobli grandi par les exploits de sa famille ; je la bénis pour tous les beaux spectacles qu'elle a ménagés à nos vieux jours et, plein de reconnaissance pour les maitres qui ont pétri avec tant de succès les intelligences et les volontés si justement admirées de tous, je salue respectueusement la mémoire de notre cher professeur Küss, du brave Alsacien qui, après nous avoir donné toutes les leçons de sa science, nous a appris, en résumé de son enseignement, qu'un bon Français, sans être soldat, pouvait aimer son pays jusqu'à en mourir.

A la mémoire vénérée de nos Maîtres! Au souvenir de nos camarades morts pour la Patrie! A la gloire de l'élan et du dévouement des continuateurs de notre esprit et de nos traditions, de nos jeunes camarades de la grande guerre de 1914-1918! »

Le médecin inspecteur Eugène Richard exalte, à son tour, le rôle de la promotion entrée à l'école en 1863 et à laquelle appartient Laveran.

Puis ce furent les remerciements du Dr Bucher, qui s'exprima ainsi :

Messieurs,

« En ma qualité de Président du Cercle des Anciens Etudiants Alsaciens et Lorrains et de Président d'honneur des jeunes Etudiants, je souhaite à nos chers et éminents camarades de l'Association Amicale la plus cordiale bienvenue.

« Messieurs, comme nous aurons, à notre tour, l'honneur de vous recevoir, vendredi, à l'Orangerie, et de vous entourer des représentants des générations qui vous ont suivies, je ne voudrais ce soir que vous adresser quelques mots de gratitude pour la grande joie de votre présence parmi nous. Nous saluons en vous les illustres témoins d'un beau passé que nous n'avons jamais cessé, depuis quarante-huit années, de regretter.

« En abandonnant cette ville, après les jours sombres de 1870, sous la rude poussée des barbares, vous nous avez confié la mission de ne jamais laisser s'éteindre le feu sacré de la pensée française. Messieurs, nous avons veillé sur elle pieusement!

« Les générations d'étudiants se sont succédé; des périodes d'âpre contrainte ont alterné avec d'autres, où le vainqueur s'efforçait d'attirer à lui, par une feinte douceur, la jeunesse des écoles. Il en a été pour ses peines : à aucun moment ce feu ne s'est éteint et, s'il a fallu quelquefois laisser la braise couver sous la cendre, il a suffi que de France vînt le premier souffle de la victoire, pour que de grandes flammes s'élèvent de l'ardent foyer d'amour qui existait au cœur de tous les Alsaciens-Lorrains.

« Messieurs,

« Aujourd'hui qu'après quarante-huit années vous venez retrouver votre vieille cité universitaire, nous pouvons vous dire : voyez, le dépôt que vous nous aviez confié est intact, et nous n'avons pas démérité de vous! Nous sommes toujours Français, de tout notre cœur, de toute notre âme, et nous n'avons qu'un désir : contribuer à la grandeur de cette chère patrie que nous avons enfin retrouvée. »

Après lui, le Vice-Président des jeunes étudiants, suppléan le Président, non encore rentré de Paris, où il conduisit une délégation de ses camarades invités par les étudiants parisiens, prononça une allocution délicate à l'adresse de l'Association, et dont nous regrettons vivement de ne pouvoir publier le texte même

Enfin, le Dr Magnant, le barde habituel de la Société, lut l'ode suivante à Strasbourg :

Camarades, enfin, dans le fond de nos cœurs
Et sur nos fronts rayonne une joie éclatante.
Dans la vieille Cité nous rentrons en vainqueurs.
    Après une si longue attente.

Je me souviens encor, quand nous étions un soir
Réunis à Nancy dans une fête intime.
Qu'un rêve de l'esprit me laissait entrevoir
    Strasbourg dans un décor sublime.

Pavoisée avec art de milliers de drapeaux
S'étalait devant moi la ville tout entière,
Au gré de mes désirs, sous l'éclat des flambeaux
Projetant des flots de lumière.

Chassés par les Français avec beaucoup d'entrain,
Les soudards allemands avaient quitté l'Alsace
Et s'étaient vus contraints de repasser le Rhin
    Après abandon de la place.

Dans l'espoir consolant du triomphe du droit
J'ai, comme vous, gardé la foi la plus profonde.
Commet-il une erreur l'homme sensé qui croit
    A la justice dans ce monde ?

Longtemps l'Alsace a dû subir le joug affreux
Qui lui fut imposé par des forces brutales ;
Mais son âme jamais, mais son cœur valeureux
    Jamais ne l'ont eu les Vandales.

Si c'est pour l'Allemagne un forfait odieux,
Cette guerre encor fut un plus sinistre crime
Qui prouve que pour elle il n'est plus rien de mieux
    Que l'effondrement du régime.

La justice à la fin parvint à triompher
Du moderne Attila. Nos provinces exquises,
Que sous son joug brutal il voulait étouffer,
  Ont été de droit reconquises.

Vaincu par nos héros dans un sublime effort
Avec cette énergie incarnée en leur race,
Le colosse allemand qui se croyait si fort
  Fut forcé de demander grâce.

O le plus beau des jours! Qu'il soit béni le Ciel
Qui vient réaliser par sa toute puissance
Notre désir si doux, si providentiel
  De rendre l'Alsace á la France !

Camarades, soyons fiers de notre Strasbourg
Qu'avait pris pour rançon un Empire de proie;
Au foyer maternel maintenant de retour,
  Il livre nos cœurs à la joie.

Combien d'entre nous sont, dans la marche du Temps,
Tombés sans avoir vu l'aube de la Victoire !
Je me fais un devoir, en ces quelques instants,
  De rendre hommage à leur mémoire.

La journée du 13 fut consacrée à la mémoire des morts et la soirée à une réception offerte par les étudiants alsaciens.

Un service religieux solennel fut célébré à la cathédrale à 10 heures.

Dans l'après-midi, on se rendit tout d'abord au cimetière Sainte-Hélène où s'élève le monument du professeur Küss mort à Bordeaux, le jour de la ratification par l'Assemblée nationale du traité qui arrachait à la France les provinces aujourd'hui libérées. On se souvient que le député Keller avait jeté à la tribune ces paroles : « Le maire de Strasbourg se meurt de douleur ! » et plusieurs de ses anciens élèves qui avaient approché le professeur Küss quelques jours auparavant et auxquels il avait fait le récit du siège et conté ses angoisses et ses amertumes eurent la douleur de constater, le soir même, que les paroles du député Keller étaient l'expression de la triste vérité. Bordeaux fit à Küss des funérailles émouvantes; à la gare, Gambetta, devant ce cercueil qui quittait la France pour le pays ravi par l'ennemi, trouva des accents superbes pour symboliser, dans le départ du mort pour l'Alsace, l'arrachement d'avec sa mère de ses filles exilées. Puis ce fut, à Strasbourg, le long du trajet du cortège funéraire, la dernière apparition aux fenêtres de drapeaux français avant la rentrée victorieuse de 1918.

Le Commissaire général de la République, M. Millerand, le maire, plusieurs généraux parmi lesquels le général Bourgeois, la fille du professeur Küss, Mme Fischbach et la fille de celle-ci, des membres de l'Université, des députations des groupements d'étudiants avec leurs bannières et un nombreux public se trouvèrent réunis autour des membres de l'Association.

Le médecin inspecteur général Delorme, président de l'Académie de médecine, prononça le discours suivant :

> « Monsieur le Commissaire Général de la République, Monsieur le Maire, Monsieur le Recteur de l'Université, Monsieur le Doyen de la Faculté de Médecine, Messieurs les Officiers Généraux, Mesdames, Messieurs,

« Le voilà enfin venu, après quarante-sept ans d'attente, le jour tant désiré où, dans Strasbourg redevenue ville française, nous pouvons librement et solennellement honorer la mémoire de Maîtres qui nous sont restés chers et dont le souvenir, depuis 1871, n'a cessé d'être vénéré au sein de l'Association Amicale due à la très heureuse inspiration de notre confrère M. Bouloumié.

« Au nom de vous tous, Messieurs, membres de cette Association, je dépose cette couronne sur la tombe du professeur Küss avec l'émotion qui nous étreint et tout l'affectueux respect que nous inspire son nom.

« Cette tombe est pour nous un symbole. Elle évoque aussi des enseignements que près d'un demi siècle d'occupation étrangère ne peut faire oublier et qu'il paraît opportun de rappeler.

« Cette tombe rappelle le geste inoubliable du grand citoyen qui, de toute la force de son cœur de patriote, protesta contre cette infamante violation du droit, contre cette séparation inique d'une partie du sol français d'avec celui de la Mère Patrie. La séparation effectuée, ce cœur fut brisé. La fin du dernier maire de Strasbourg traduisait toute la douleur de l'Alsace, et nous, au delà des Vosges, en pleurant la perte d'une partie de notre Patrie, nous comptions sa mort dans le sacrifice qu'un sort cruel nous faisait éprouver.

« Ce républicain obstiné mais sage succombait, on peut le dire, le lendemain du jour où semblaient devoir se réaliser les aspirations généreuses qu'il avait caressées toute sa vie.

« Le professeur Küss, comme citoyen, est l'égal de beaucoup de ceux dont l'Antiquité conserve la mémoire. Il ressemble quant au caractère inébranlable, droit, froid, mais généreux, à ces héros que l'Alsace à fournis en grand nombre sous la République et l'Empire et dont la France a gardé le culte. Elle a gardé aussi et conservera à jamais celui du maire courageux de la grande cité cruellement bombardée et du député alsacien protestataire. La Médecine, à ses heures, sait fournir de grands patriotes. En 1871, elle n'en avait pas épuisé la série.

« Le professeur Küss était en vénération parmi nous.

« C'était un physiologiste attachant, original, un précurseur, Par ses méditations et ses recherches, en 1846, il avait précisé le rôle de la pathologie cellulaire, bien avant, par conséquent, les savants de la rive droite du Rhin, qui ont cherché, en vain d'ailleurs, à lui ravir sa priorité. Son cours fourmillait d'idées personnelles. Le traité de physiologie dans lequel le professeur Mathias Duval, de Paris, son disciple fidèle, a reproduit son enseignement, et qui a servi de guide à des générations de nos étudiants, a reproduit ses conceptions.

« Je ne m'arrêterai pas davantage à son œuvre, car ce n'est ni le lieu ni le moment de l'apprécier. Sa tombe, dans notre pensée à tous, c'est le mausolée qui, sur le sol d'Alsace, nous parle de tous ceux de nos morts que nous avons à honorer aujourd'hui. Il consacre, pour l'heure présente, avec le souvenir de Küss, celui de nos maîtres chers, les Hirtz, les Schutzenberger, les Sédillot, les Sarazin, les Herrgott, et de tant d'autres que la cruelle destinée a dispersés. C'est donc vers l'œuvre commune de tous ces morts que nos souvenirs doivent se reporter et cela pour montrer à la fois ce que notre reconnaissance a de profond et d'ample et aussi pour faire ressortir opportunément, l'excellence des traditions qu'ils nous ont laissées.

« Tous nos maîtres, les Sédillot, les Rigaud, les Eugène Bœckel, les Herrgott, les Michel, les Sarazin, les Koëberlé pour les chirurgiens ; les Hirtz, les Schützenberger, les Coze, les Feltz, les Hecht, les Aronsohn pour les médecins ; les Küss et les Beaunis pour les physiologistes ; les Hermann, les Bouchard, les Morel pour les anatomistes ; Stoltz, pour les accoucheurs, Stœber, pour l'oculistique ; Tourdes, pour la médecine légale ; Caillot, Rameau et Ritter pour la chimie et la physique médicales ; Fée et Kirschleger pour la botanique, et j'en passe ; tous ces maîtres, dis-je, malgré la diversité de leurs caractères, celle de leurs études, celle de leurs aspirations personnelles, ont réalisé — le fait est très remarquable — une œuvre d'ensemble d'une très belle tenue, concrète, sans discordance, bien adaptée au milieu, bien adaptée au but à poursuivre, et qui fut excellente dans ses résultats. C'est qu'elle était non seulement conduite par une heureuse sélection d'hommes, mais qu'elle était dominée surtout par la conception et la préoccupation d'un beau devoir à accomplir, l'idée nette de la voie à suivre et une imperturbable constance dans l'exécution. Elle était à un haut degré l'émanation des vertus de l'Alsace.

« Je ne puis manquer d'y insister ici. Ces maîtres éminents et dont plusieurs furent des savants illustres se donnaient tout entiers à leur enseignement ; ponctuels, ils n'interrompaient jamais par une absence prolongée la continuité de leurs cours, de leurs cliniques, de leurs exercices. Le programme annuel étudié et consenti était réalisé d'une façon impeccable. Avec eux, nous n'avons connu ni les remplacements prolongés, ni les suppléances qui dissocient l'homogénéité d'un enseignement, ni les cours consacrés à un sujet favori, ni le débit pendant trois, quatre années, des fragments d'un livre en préparation et qui doit consacrer la spécialisation d'un auteur, dispositions égoïstes avec lesquelles l'intérêt de l'élève est sacrifié. Dans chaque champ d'études, toujours trop vaste pour être embrassé tout entier, le professeur condensait les données basales ; il tenait compte des progrès réalisés, éclaircissait les points discutés et il imposait, de lui-même, des limites à ses tendances si, par hasard, elles devenaient divergentes. Le professeur n'avait qu'un souci, celui de l'instruction de son élève.

« Leur enseignement était essentiellement pratique. Aucun d'eux n'oubliait que la science médicale est, avant tout, une science d'application ; que l'art chirurgical, par définition, est fait d'applications. Passons, à l'élève médecin, le sentiment de petite vanité sociale, excusable, qui lui a fait choisir pour se dénommer le terme d'étudiant, mais qu'il n'oublie pas et surtout qu'onn'oublie pas pour lui qu'il n'a pas qu'à étudier ; il a à faire ; il a à subir un « apprentissage » qui doit être étroitement dirigé et surveillé, en raison de la sublimité des actes à accomplir et de la haute responsabilité qu'ils comportent.

« L'apprentissage médical », par ses modes d'adaptations, par la répétition voulue des mêmes actions, répétition néces saire pour en assurer la bonne exécution, se rapproche de l'apprentissage des métiers et il est dangereux de le méconnaître. Tous ceux qui ont vécu leurs actes savent la distance qui sépare l'assimilation livresque, l'assimilation orale, de l'assimilation réalisée. La vision intellectuelle d'un acte ne vaudra jamais son exécution répétée ; nos maîtres ne l'ont jamais oublié.

« Des qualités brillantes d'exposé que des concours professoraux difficultueux forcent peut-être à trop rechercher, par ailleurs, ces qualités qui imposent de longues années d'entraînement et retentissent fatalement sur les tendances de l'enseignement, ces maîtres n'en avaient cure. Je ne leur fais pas injure en disant qu'aucun d'eux ne sacrifiait à une « rhétorique » médicale brillante, séduisante, le plus souvent surannée parce qu'elle disperse l'attention et qu'elle est finalement lassante quand on a reconnu l'artifice de ses trames. Leur tempérament d'ailleurs répugnait à l'emploi des factices ornements et en eût rendu difficile, pour eux, la recherche. Si nous rappelons bien nos souvenirs, nous ne les voyons pas non plus s'arrêter souvent, pour nous, étudiants, aux hauts sommets des grandes spéculations médicales. Enseigneurs, ils se tenaient fermement a cette conception fondamentale, simple et bien utilitaire : du médecin, le malade réclame avant tout un diagnostic exact, l'observation avisée et raisonnée de ses symptômes pour arriver au traitement approprié et judicieusement manié, but suprême.

« C'était là ce qu'ils cherchaient à apprendre à leurs disciples. Méthodiques, ordonnés, ils procédaient eux-mêmes à d'impeccables examens ; ils les imposaient ensuite, sans souci du temps dépensé, sans préoccupation de l'ennui que pouvaient avoir, pour eux, les redites.

« Paternels et bons, à la fois rapprochés de l'élève et distants, grâce au sérieux de leur attitude, ils s'imposaient à notre respect et leur correction et leur réserve étaient la démonstration vivante de la dignité de la tenue du médecin et des formes de sa déontologie.

« Tels étaient les hommes que nous avons connus et aimés et dont nous vénérons la mémoire. Ils n'ont pas tous enrichi notre littérature ; ils ont fait mieux. Ils ont, à des générations médicales, montré les bonnes routes, celles qu'on doit bien connaître et qui servent de repères pour l'exploration des chemins accessoires. Ils ont communiqué à leurs élèves l'amour de la science, inspiré nos dévouements pour ceux qui souffrent.

« De leur mains sont sortis les praticiens âgés de l'Alsace et de la Lorraine, ces générations successives et nombreuses des médecins de l'armée qui, en temps de paix, en France, en Algérie, comme pendant nos guerres, ont mérité la reconnaissance de l'Armée et du Pays. Au cours de cette guerre qui, dépasse toutes les autres par son ampleur et ses pertes, ce sont les vétérans de la médecine et de la chirurgie d'armée qui, pendant la période de surprise et d'extrêmes difficultés, ont sous la haute direction d'un Millerand, adapté nos organismes à des exigences effrayantes et tracé les premières directives d'une action technique sur le front et à l'arrière. L'expérience a en consacré la valeur. Notre histoire dira un jour tout ce que la France leur doit.

« C'est au contact de nos Maîtres que s'est façonnée dans le rang des médecins de l'armée une phalange glorieuse de savants: l'immortel médecin chef du Val-de-Grâce, le professeur Villemin qui a révolutionné la prophylaxie de la tuberculose, Laveran, un grand savant parmi les plus grands, qui a, par ses recherches sur le paludisme, non seulement fixé son agent pathogène, mais qui a ouvert une voie toute nouvelle à la détermination du rôle pathogénique d'agents famicrobiens, le professeur Kelsch, fils de l'Alsace, qui d'un cerveau puissant, condensant l'histoire mondiale des maladies épidémiques, a élevé, soit seul, soit avec la collaboration de Kiener, des monuments impérissables qu'aucun pays n'a connus, puis c'est Vaillard, qui, dans l'armée, a fait souche de bactériologistes. Les médecins inspecteurs Boisseau, Vallin, Arnould, Morache, E. Richard, Viry, le médecin principal, Zuber ont consacré à l'hygiène en général ou à l'hygiène militaire des travaux qui sont classiques en France comme à l'étranger, Mathieu, Robert, Chauvel, Chavasse, Poulet ont leur trace marquée dans la chirurgie d'armée et la chirurgie générale et il ne m'appartient pas de rappeler ici ce que certain de leurs collègues, a, de son côté, donné à l'une et à l'autre.

« Le professeur Lacassagne s'est pénétré à Strasbourg de la méthode et de l'œuvre de Tourdes; Lereboullet, issu d'une famille strasbourgeoise, a tenu une grande place comme encyclopédiste médical et notre ami le docteur Granjux continue à consacrer au journalisme médical une activité de premier ordre.

« Lors de l'organisation des Facultés de Médecine de province, c'est au concours des médecins de l'armée, anciens élèves de Strasbourg, qu'on fit appel pour occuper de hautes situations professorales : aux professeurs Arnould et Kelsch à Lille, Morache et Bouchard à Bordeaux, Lacassagne à Lyon, Kiener à Paris, Vieusse à Toulouse, Badal à Lyon, Treille à Alger; aux hôpitaux civils de Paris ou à l'enseignement médical de la capitale, Strasbourg a donné Blum, Strauss, Duval ; à ceux de Bordeaux, Picot et les uns et les autres ont fait honneur à leur centre universitaire d'origine. Enfin, cette année même, la plus haute Assemblée médicale de la France, l'Académie de Médecine, vient de mettre au pinacle la chirurgie et la médecine d'armée et de faire le plus grand honneur qui soit à l'ancienne Faculté de Médecine de Strasbourg en choisissant comme président et vice-président deux anciens élèves de l'École du Service de Santé et de la Faculté de cette ville.

« Voilà ce qu'ont donné à la Médecine française l'enseignement des Maîtres de la Faculté de médecine de Strasbourg. Même après une trop sèche énumération, vous en mesurez l'ampleur. Quel centre d'enseignement médical pourrait opposer plus grande moisson ? J'ai beau chercher, je ne la trouve pas ; en tout cas, dans l'enseignement des maîtres, choisis avec un soin jaloux, qui ont été dans la suite imposés par un empereur désireux d'affimer la supériorité de sa culture, il n'y a pas de trace glorieuse comparable.

« Alsace et Lorraine », disais-je au commencement de cette

année, dans mon discours présidentiel que l'Académie a sanctionné de ses acclamations : « Alsace et Lorraine, dans votre « histoire scientifique s'est creusé un grand vide, de près d'un « demi-siècle de durée ; vous allez pouvoir le combler. »

« Vos qualités de ténacité, de rare bon sens, de jugement solide et froid, d'organisation patiente, de discipline morale, d'honnêteté impeccable, de patriotisme ardent sans cesse réveillé par les plus douloureux souvenirs et la proximité de l'ennemi éternel, vos qualités vont s'affirmer à nouveau pour l'honneur et la gloire de la France. L'Académie de Médecine, émanation la plus haute de la médecine Française, s'associe à votre joie, elle salue votre libération. Elle a, avec émotion, suivi les courants d'irrésistible amour que vous avez témoigné à nos héros, à vos libérateurs, à nos soldats sublimes, à nos chefs illustres, à nos grands chefs d'Etat. Vos chaleureux accueils qui ont affirmé la solidité de vos liens affectueux créent à notre Compagnie l'obligation étroite de suivre, avec un palpitant intérêt, les efforts que vos Médecins vont faire pour assurer à la science médicale française de nouvelles et durables conquêtes ».

« La Haute-Assemblée vient, d'une façon effective, de témoigner son bienveillant intérêt à votre nouvelle Faculté de Médecine en accordant le titre envié de membre correspondant au Professeur Sencert, l'un de nos jeunes, vaillants et très distingué chirurgiens d'avant garde.

« Sous la direction habile, savante et patriotique de M. le doyen Weiss, membre de l'Académie de Médecine, le terrain sera bientôt préparé pour l'instruction intensive et belle de la génération nouvelle, Mais, et ici je crois bien traduire à la fois la pensée des Anciens élèves de la Faculté et des médecins de l'armée, ce n'est pas sans une certaine émotion contenue que nous attendons l'orientation donnée au choix de cette génération nouvelle d'élèves.

« Strasbourg a été dépossédée par la cruauté du sort, en 1870, de son Ecole du Service de Santé Militaire ; il ne serait que juste de la lui rendre. Cette Ecole avait toutes les sympathies de la ville ; la séparation a augmenté l'étendue de son deuil ; ce serait avec joie qu'elle la verrait revenir à elle.

« L'Ecole fournirait à la Faculté renaissante qui va porter haut le drapeau scientifique Français un élément de vie qui en hâterait l'expansion et la renommée ; sa présence déterminerait dans notre zone frontière des vocations dont il y a intérêt pour l'armée, à favoriser le développement, car c'est un dangereux sophisme auquel il faudrait se garder de s'arrêter que de croire qu'il suffit d'être un médecin pour être un médecin militaire. Soucieux gardien des effectifs, praticien dont les actes s'accomplissent au milieu des dangers, il lui faut un tempérament de soldat, une vocation de soldat. — Pour supporter une situation matérielle qui ne compensera jamais ce qu'il donne à l'Armée et au pays, il lui faut l'abnégation du soldat ; pour entrer complètement dans l'esprit du Commandement et bien saisir la légitimité comme les limites de ses exigences, il faut le caractère du soldat, fait à la fois de soumission et de haute dignité personnelle. Le Médecin d'Armée a une déontologie à lui ; elle a sa source dans sa vocation ; l'Alsace et la Lorraine ont toujours été la pépinière du Soldat Français ; elles doivent être d'autant plus la réserve de recrutement des futurs médecins de l'armée nouvelle que le rôle de ceux-ci sera plus lourd et nécessitera de leur part plus de dévouement.

Voilà pourquoi nous appelons de tous nos vœux le principe de la reconstitution, à Strasbourg même, de l'Ecole du Service de Santé Militaire. — J'ai pendant plus de vingt ans dirigé l'instruction des médecins de l'armée comme Professeur du Val de-Grâce, comme Directeur de son Ecole d'application ; j'ai pu supputer la valeur de tous les modes de recrutement des Elèves du Service de Santé, apprécier exactement le rendement de l'enseignement de toutes les Facultés de Médecine de France, et ma conclusion est ferme et je la donne ici avec la netteté d'une conviction mûrement acquise : c'est à Strasbourg et nulle part ailleurs que pour l'honneur de notre corps, pour la sauvegarde de son esprit, pour les services qu'on en attend, c'est à Strasbourg que doit être son centre d'origine dans une faculté où, comme autrefois, les éléments les meilleurs d'entre nous, trouveront, avec l'entretien d'une saine émulation, les titres et l'activité scientifiques que Strasbourg nous a toujours équitablement ménagés.

Aucun obstacle ne s'y oppose. — Dans la visite que nous avons faite hier à ce bel hôpital militaire, notre casernement d'autrefois, M. le Médecin Inspecteur Prost - Maréchal, nous a montré les superbes emplacements et les énormes locaux qui ont été accordés récemment au Service de Santé, grâce à son initiative bien avisée. Là, sans que les ressources de l'Etat soient grevées, l'Ecole aurait son habitat et un milieu de fonctionnement qu'elle ne trouve pas aujourd'hui réunis à Lyon dans son centre actuel et dont sûrement elle ne rencontrera jamais ailleurs les analogues.

« Aussi je n'hésite pas à demander aux autorités qui ont intérêt à soutenir nos vœux, à M. le Maire de la Ville de Strasbourg, à M. le Recteur de l'Université, à M. le le Doyen de la Faculté de Médecine, à l'Autorité Militaire, à l'incontestable ascendant et au ferme appui que M. le Commissaire Général de la République, M. le Ministre Millerand, qui, au cours de son passage au Ministère de la Guerre, dans les circonstances les plus difficiles d'organisation et de fonctionnement que jamais Ministre ait connues, a pu apprécier le Service de Santé et n'a cessé de lui accorder des marques de sa haute bienveillance et de son équité, je n'hésite pas à demander à ces autorités hautes, de seconder l'une des aspirations les plus heureuses du Corps de santé, pour l'heure présente. Ils s'acquéreront des titres à sa reconnaissance comme à celle de l'armée et du pays.

« Et maintenant, Chers Disparus, que ma pensée se reporte vers vous. Je suis heureux de revenir encore solennellement sur la part que vous avez eue dans le lustre apporté à l'un des plus beaux centres médicaux de la France. La puissance des traditions que vous avez laissées et qui sont l'émanation de vies tout entières consacrées à votre œuvre sont d'admirables garanties pour le fonctionnement glorieux de la Fculté nouvelle. Vous avez mérité la reconnaissance de toute la Médecine française. »

Aussitôt M. Peirotes, maire de Strasbourg, rappelle ce que fit Kuss pendant le siège et les immenses services qu'il rendit à la Cité.

Puis le médecin principal de 1re classe Challan de Belval rend hommage à Küss, le maître aimé et le citoyen vénéré.

Des fleurs avaient été déposées au pied du monument par le Commissaire général et par l'*Association* qui quitta le cimetière Sainte-Hélène pour se rendre au cimetière Saint Urban auprès du monument qui contient les restes des élèves de l'Ecole du Service de santé militaire tués en 1870.

Ces quatre élèves Combier, Lacour, Bartholomot et Roy avaient été inhumés au Jardin Botanique qui servit également de cimetière à d'autres victimes du siège et aussi à des Allemands. Les restes de tous ces morts ont été transportés au cimetière Saint-Urban et recouverts d'un monument qui porte une inscription en allemand englobant toutes les victimes de 1870, sans mention d'aucun nom.

Devant les généraux, les étudiants et de nombreux auditeurs groupés autour de l'*Association*, le médecin-inspecteur Colnenne donne lecture de l'allocution que devait prononcer le médecin inspecteur général Chavasse, rappelé à Paris par un deuil de famille.

« Messieurs,

« *L'Association amicale des anciens étudiants des Facultés de Strasbourg* a tenu, au cours de son pèlerinage dans cette cité enfin redevenue française après quarante-huit ans d'esclavage, à rendre un pieux hommage aux élèves de l'Ecole du Service de santé militaire tués pendant le siège et à commémorer leur souvenir: Bartholomot, Combier, Lacour, Roy, vaillants camarades tombés héroïquement pour la patrie. C'est le cœur étreint par une poignante émotion qu'un des vieux élèves encore survivants qui prirent part à ce siège mémorable et vécurent à vos côtés s'incline devant vos tombeaux et vous salue au nom de tous les membres de l'Association amicale et plus particulièrement au nom des anciens élèves de l'Ecole du Service de santé militaire de Strasbourg. Vous reposez de nouveau en terre française, notre rêve s'est réalisé, notre désir le plus ardent est satisfait.

« Lorsque périrent nos chers morts, c'était au moment où, dans Strasbourg, on avait encore l'espoir de la venue d'une armée de secours qui devait nous délivrer de l'étreinte ennemie ; nous avions, tous encore, le cœur empli d'espérance et de foi dans la victoire définitive. Leur vision dernière ne fut donc pas obscurcie par la désespérance.

« Ceux qui ont survécu, s'ils ont souffert cruellement de la défaite et de la perte de l'Alsace, ont toujours conservé la foi en l'avenir et si la revanche victorieuse s'est fait longtemps attendre, elle n'en a été que plus émouvante et plus glorieuse. Vous êtes donc enfin vengés, chers camarades, et vos mânes ont dû tressaillir, le 22 novembre dernier, au bruit des clairons de nos soldats reprenant possession de la vieille capitale de l'Alsace.

« Lors du siège de 1870, qui se prolongea pendant plus de quarante-cinq jours, les élèves de l'Ecole du Service de santé militaire des promotions de 1869, 1868 et de la plus grande partie de celle de 1867 restés dans la Place, furent tous utilisés, suivant leurs aptitudes, dans les services les plus divers : la plupart dans les ambulances, les hôpitaux et les postes de secours des ouvrages avancés ; quelques-uns même, dans les premiers temps du siège, furent appelés à veiller sur la plateforme de la cathédrale. Plusieurs se signalèrent par leur dévouement au cours des incendies fréquemment allumés par les obus ennemis. Tous sans exception firent preuve d'un beau courage, d'une ardeur soutenue, d'un zèle sans relâche, d'une magnifique abnégation, d'une bonne humeur constante et témoignèrent d'un complet mépris du danger et de la mort. C'est alors que furent frappés mortellement ceux dont nous sommes venus honorer la mémoire : d'abord Léon Lacour, de la promotion de 1869 et François-Joseph Combier, de la promotion de 1867, atteints ensemble le 5 septembre dans le poste de secours de la porte de Pierre par l'explosion d'un obus. Ensuite Emile-François Roy, de la promotion de 1869, tué le 11 septembre sur la place de la cathédrale, à deux pas de l'Ecole. Enfin Claude-François Bartholomot, de la promotion de 1867, qui fut blessé le 22 septembre par une balle de fusil de rempart près des ouvrages de Contades et expira sur le brancard qui le portait à l'hôpital. Leurs obsèques furent des plus simples et ils durent être inhumés, en raison des circonstances, dans le Jardin Botanique de la faculté. D'autres, plus heureux, furent blessés plus ou moins grièvement. Dans son livre sur le siège de Strasbourg, publié en 1872 pour sa propre défense, le général Uhrich, qui avait le périlleux honneur d'être gouverneur de la Place, signale avec éloge l'activité déployée par les élèves de l'Ecole : « Dès les premiers jours du siège, écrit-il, ces braves jeunes « gens s'étaient mis à ma disposition. Ils avaient montré une « bonne volonté admirable. J'avais distribué dans les ambu- « lances, dans les ouvrages avancés, auprès des portes, tous « ces jeunes gens, dont le zèle, le courage, l'abnégation ne se « démentirent en aucune circonstance pendant les terribles « phases que nous eûmes à traverser. Plusieurs payèrent de « leur sang les services qu'ils rendirent à la ville, à la patrie, « aux habitants et à nos soldats. »

« Quel bel éloge et qu'ajouter à un pareil hommage rendu par le commandant supérieur de la Place ! Sa dernière phrase devrait être gravée sur leur tombe pour perpétuer le souvenir de leurs belles actions et de leur mort héroïque. Saluons pieusement nos héros. Ils ont bien mérité de la ville de Strasbourg et de la patrie. Ils ont montré que le froid courage, l'abnégation complète de soi-même étaient toujours les vertus traditionnelles des médecins militaires. Leur mémoire a été honorée par l'inscription de leurs noms sur les tables de marbre, livre d'or des Ecoles du Service de santé de Lyon et du Val de Grâce.

« Bartholomot, Combier, Lacour, Roy, encore une fois je m'incline devant vous. Le souvenir de votre mort glorieuse a été un bel exemple pour ceux qui vous ont continué dans la médecine militaire et ils l'ont bien montré pendant la longue guerre qui vient de se terminer par la victoire.

« Ils ont à leur tour versé héroïquement leur sang pour que Strasbourg et l'Alsace reviennent à la mère-patrie et pour que vos restes reposent à jamais en terre française. Tout ce sang répandu sur le sol d'Alsace, ces dépouilles mortelles inhumées dans cette ville à laquelle les familles en ont définitivement confié la garde, ont renforcé les liens déjà puissants qui unissaient notre Association à Strasbourg, nous ont conquis le droit de cité et nous permettent de nous considérer un peu comme ses enfants. »

Après lui le médecin principal Ravenez dit un adieu éloquent et touchant à son intime ami d'enfance et d'école Lacour.

Le soir, on se retrouva au Bœckehiesill, bien changé depuis quarante ans, car le modeste établissement d'alors est devenu un vaste local dont une des salles réunit tous les étudiants de Strasbourg qui recevaient l'*Association* sous la présidence de M. Millerand.

Le docteur Dollinger ouvrit la série des discours par les paroles qui suivent :

Monsieur le Commissaire Général de la République,
Mesdames, Messieurs,
Mes chers Camarades,

Le 2 mai 1872, notre bonne ville de Strasbourg, toute saignante encore des plaies que lui avaient faites un siège et un bombardement cruels, vit dans ses murs un grand remue-ménage. Les Allemands célébraient l'inauguration — la renaissance, disaient les romantiques, — de l'Université placée sous le vocable du monarque qui fut plus tard l'inoubliable grand'père. Des cortèges ahurissants déambulèrent à travers les rues. De copieuses tirades affirmèrent la déchéance définitive de l'ennemi héréditaire. Des torrents de bière s'engouffrèrent dans des tubes digestifs sans fond. Et, pour clore dignement la fête, on assomma un vieux savant allemand qui avait sifflé son domestique, et qui dut ne rien comprendre à ce qui lui arrivait.

« Un poète allemand qui ne manque pas de mérite, Victor Scheffel, avait composé pour la circonstance un hymne que répétèrent des milliers de larynx teutons. La strophe la plus remarquable de ce péan disait ceci :

Là où Gottfrid a chanté Tristan,
Où Erwin a édifié son Munster,
Où l'art de Gutenberg a pris son essor,
Là le terrain nous est familier.
Mais ce que, du reste, à Argentoratum
Ont fait les Romains et........ les autres
Ce sont des destins révolus. A tout cela
Buvons un verre expiatoire puisé au fleuve Léthé.

« Ils étaient de bonne foi, certes, le poète aussi bien que ses interprètes. Ils ont cru, dur comme fer, à l'efficacité de cet anathème et à l'infaillibilité de cette prédiction. Ils se sont grossièrement trompés, ils nous ont en voulu à mort, et ils nous l'ont bien fait voir. Ce que les Romains et surtout ce que les... autres avaient fait dans ce pays, a continué malgré eux à rayonner sa splendeur et sa grâce. Pour les étudiants d'Alsace et de Lorraine, l'Université Empereur Guillaume n'a pas été, d'ailleurs, l'*alma mater* que glorifient les poncifs académiques. Aux yeux de cette marâtre, les jeunes Alsaciens-Lorrains avaient un défaut impardonnable : ils repoussaient obstinément le verre de Léthé que leur offraient, avec un tact exquis, leurs condisciples et leurs maîtres. On le vit bien, en 1887, à l'époque dite des passeports, lorsque l'*alma mater* se fit l'auxiliaire de la police politique, en sévissant brutalement contre la vieille Association alsacienne de Sundgovia. On le vit encore, en 1911, lorsque, pour une peccadille, elle prononça la dissolution du Cercle des Étudiants alsaciens-lorrains.

« Cet acte de rigueur, nous pouvons à présent nous en féliciter : c'est à lui, en dernier ressort, que nous devons la belle soirée qui nous réunit aujourd'hui. C'est aux sévérités du Sénat académique de 1911 que le Cercle d'anciens étudiants alsaciens-lorrains doit l'existence. Vous souvient-il, mes chers camarades ici présents, de certaine soirée de juin où nous nous décidâmes de prêter appui à nos jeunes amis, et de constituer une Association d'anciens qui opposât un bloc complet aux empiètements des autorités et aux outrages d'une presse stipendiée qui ne crut pas pouvoir adresser à nos étudiants de pire injure que de les accuser d'imiter..... les étudiants français? Qui nous eût dit, en ce soir d'orage, que huit ans après, presque jour pour jour, nous ressouderions, dans l'allégresse, la chaîne qui unira les Facultés strasbourgeoises d'autrefois et l'Université strasbourgeoise de demain! Que nous fêterions, la joie dans le cœur et aux lèvres des vivats, les représentants les plus éminents de l'Association amicale des Étudiants des Anciennes Facultés, en présence et avec l'approbation des autorités et du premier représentant du gouvernement.

« Monsieur le Commissaire général, les Étudiants alsaciens et lorrains, jeunes et anciens, sont heureux et fiers de vous saluer au milieu d'eux! Veuillez agréer l'expression de notre gratitude la plus vive pour l'honneur que vous voulez bien nous faire en assistant, entouré des représentants de l'administration supérieure, à cette réunion de famille. Nous sommes vivement touchés de ce que vous veuillez bien nous unir, nos hôtes éminents et nous, dans un même témoignage de bienveillance. Cette bienveillance nous est une marque précieuse d'approbation dans le passé et un encouragement pour l'avenir.

» Et vous, Messieurs et chers camarades de l'Association amicale des Étudiants des Anciennes Facultés de Strasbourg, c'est pour fêter votre venue que nous sommes réunis ici. Laissez moi vous dire toute la joie que nous éprouvons de voir rétablie la continuité des rapports qui toujours et partout ont uni les élèves d'une même école. Vos noms et vos titres projettent sur les anciennes Facultés de Strasbourg un lustre dont elles peuvent être fières. De votre côté vous avez, votre vie durant, considéré comme un titre d'honneur le nom d'ancien étudiant de Strasbourg. Ce voyage, ce retour, est pour vous un pèlerinage deux fois sacré. Le sentiment de piété demeuré au fond du cœur pour des maîtres vénérés et pour les lieux où l'on a promené les jeunes enthousiasmes et les rêves illimités, ce sentiment s'est compliqué, pour vous, des regrets cuisants que laisse une maison familiale expropriée, et envahie par des étrangers aux pas pesants et au verbe haut. Ce cauchemar trop prolongé s'est évanoui à jamais. Réjouissons-nous de concert, mais donnons une pensée émue à tous ceux qui, de leurs vœux ardents, ont appelé ce jour béni sans qu'il leur fût donné d'en saluer l'aube radieuse.....

« Messieurs, en ce jour où nous célébrons le retour mémorable, dans la grande communauté universitaire de France, de notre Université d'Alsace et de Lorraine, nos pensées vont au sort que l'avenir, un avenir heureux, lui réserve. Faisons un retour, aussi, au passé. Donnons un souvenir à la modeste Académie, détachée en 1555 de notre vénérable Gymnase, ce foyer ardent de l'humanisme au xvie siècle, puis élevée en 1621, à la dignité d'Université. Des savants de grande réputation y ont professé, tels le botaniste Mappus, l'historien Schoepflin, le jurisconsulte Chrétien Guillaume Koch, cet alsacien pur-sang qui s'obstinait à prononcer le Chapon au lieu du Japon, et qui s'indignait si fort de s'entendre appeler M. Coq par le Président de l'Académie des Sciences morales et politiques.

« Balayée par la Révolution, l'Université allemande est remplacée, sous l'Empire, par les cinq Facultés françaises, dont les Allemands ont dit beaucoup de mal, dont il convient que nous disions beaucoup de bien, et dont l'histoire, au demeurant, réfléchit des rayons et des ombres.

« Je n'ai pas à insister sur les défauts du système napoléonien, sur la dispersion, entre autres, qu'entraîne l'absence d'un lien entre les diverses Facultés. Tout le monde est d'accord là-dessus aujourd'hui, et le système napoléonien, en principe du moins, a vécu. Ces défauts n'ont pas empêché les Facultés strasbourgeoises de projeter souvent une vive lumière. Certes, elles ont souffert de la modicité des crédits, surtout en ce qui concerne les laboratoires et les bibliothèques. En énumérant les grands noms qui ont honoré les sciences à Strasbourg, en touchant du doigt ce que, avec des ressources souvent précaires, ces hommes éminents ont su réaliser, on ne songe pas sans regret à ce qu'ils auraient pu faire s'ils avaient été mieux outillés. Parmi les coryphées de nos Facultés, il faut citer, avant tous les autres, les Pasteur, les Fustel de Coulanges, les

Kœberlé; puis, et au risque d'en omettre, Aubry et Rau, dans la Faculté de Droit ; Paul Janet. Schweighauser, Bautain, Willm, Matter, Barthélmess, dans celle des Lettres ; Reuss, Cunitz, Colani, dans la théologie protestante; Schimper, Daubrée, Kirschleger, dans les Sciences; enfin, en médecine, les Fodéré, les Sédillot, les Schützenberger, les Victor Stœber, les Stoltz, les Gross, les Beaunis et Bouchard, les Bernheim, les Bœckel, les Küss et tant d'autres. Et donnons un souvenir et un regret à l'Ecole de santé militaire, si brillamment représentée ici, et à ses élèves, les joyeux carabins, ces enfants gâtés des Strasbourgeois, et dont le docteur Symon de Villeneuve, que nous avons le grand plaisir de saluer au milieu de nous, nous a laissé, dans ses Souvenirs, des portraits si vivaces.

« C'est toutes ces renommées, que les fondateurs de l'Université Empereur-Guillaume ont prétendu noyer dans le Léthé. Y ont-ils réussi? Les malheureux ! Sans doute, la nouvelle Univsrsité allemande fut largement pourvue de tout ce qui est indispensable à un épanouissement illimité. Les crédits furent abondants : ils purent être d'autant plus copieux que ce fut principalement à notre budget qu'ils furent — on pourrait dire : empruntés. Les salles de cours, les laboratoires, les cliniques furent aménagés avec cette préoccupation de faire grand qu'on aurait tort de blâmer, et et avec ce souci de l'ostentation qui répugne à notre sens de la mesure et des proportions. Les professeurs, au début, furent triés sur le volet; les plus illustres accoururent pour proclamer ici *rbi et orbi* la supériorité de la science et de l'esprit allemands. Mais, à la longue, ce beau zèle s'attiédit. La capitale de l'Empire, où les flambeaux de la Science se trouvaient plus près du soleil, exerça une attraction à laquelle l'idéalisme du plus grand nombre de ces idéalistes par droit de naissance ne résista pas. Strasbourg tomba, au point de vue universitaire, au rang d'antichambre de Berlin. Le niveau du corps enseignant baissa donc de plusieurs crans. N'a-t-il pas, d'ailleurs, baissé dans tout l'Empire? Non pas certes, que les Universités allemandes, y compris celle de Strasbourg. n'aient continué à posséder des spécialistes, comme on dit vulgairement : *très forts dans leur partie.* Ce qui s'est produit, c'est un abaissement du niveau moral, en même temps qu'un affaissement des caractères. Tel jurisconsulte hors pair fût, sans vergogne, l'homme des consultations de complaisance. De nombreux professeurs jugèrent compatibles avec leurs fonctions et leur rang, les agissements les moins décents : ils nous diffamèrent allègrement dans la presse d'outre-Rhin, et prirent une part active aux campagnes tendant à incorporer l'Alsace Lorraine à la Prusse. Le pangermanisme n'eut pas d'apôtres plus fervents ni d'exécuteurs des basses œuvres plus zélés que les professeurs allemands. Ce que Treitschke, dans une langue somptueuse, avait enseigné avec une conviction et une ardeur bien faites pour exalter les passions, ses disciples l'ont repris en sous-ordre, l'ont accommodé au goût du jour, et mis à la portée des simples. Des chaires universitaires, ces doctrines se sont déversées dans celles de l'enseignement secondaire, pour tomber goutte à goutte sur le pupitre du plus humble instituteur. Avec la science historique, sont venues collaborer l'ethnologie et l'anthropologie. Et c'est ainsi que la théorie de l'inégalité des races et celle de la supériorité du Germain, sont devenues un dogme intangible, sanctionné par l'approbation du dilettante agité qui portait la couronne. Nous avons assisté avec stupeur, au cours de la guerre, au déchaînement des instincts sauvages qu'a provoqués cette démence. Et nous possédons de cette perversion intellectuelle et sociale un monument impérissable : le manifeste des 93.

« Quelle a été, en face du débordement, bien antérieur à la guerre, de la mégalomanie allemande, l'attitude de notre jeunesse des écoles ? Elle a opposé aux prédications, aux blandices, aux menaces la sérénité du sens critique et du bon sens que nous croyons propre à notre race. Les Allemands ont été, d'ailleurs, les tout premiers à constater la faillite de leur Université en tant qu'élément de germanisation. Ils ont disserté copieusement et doctement sur les causes de ce phénomène inexplicable et qui infligeait un échec si humiliant aux prédictions souvent annoncées dans les cérémonies inaugurales et commémoratives. La clef du mystère, Messieurs, je n'ai pas besoin de vous la donner, n'est-il pas vrai ? Les témoignages d'amour et de fidélité que la jeunesse alsacienne et lorraine ne cesse de prodiguer à la France parlent assez haut. Ces témoignages, sans doute, seraient plus débordants encore, ils seraient conçus en termes plus fleuris, si la Garonne pouvait prendre la place du Rhin. Nous appartenons à cette humanité que Barrès a appelée « ces bonnes races de l'Est qui manquent d'éloquence ». L'Alsacien, de plus, est doué d'un sens critique aigu et avouez qu'il en a su faire l'usage le plus judicieux. C'est l'amour traditionnel de la France, et c'est l'esprit frondeur qui ont été les armes de notre jeunesse contre le germanisme envahissant. Cette faculté : l'esprit frondeur, et ce sentiment : l'amour de la France, ont sans cesse, dans le passé, collaboré dans une étroite union. Cette union sera-t-elle toujours aussi étroite dans l'avenir ? Je n'oserais en jurer. Peut-être parfois ceci semblera-t-il faire tort à cela. Mais, Messieurs, ce ne seront là que des apparences. L'Alsacien n'abdique jamais son sens critique : s'il en fait bon usage contre les ennemis, il entend l'exercer avec plus de liberté encore à l'égard de ceux qu'il aime. Ses manières, parfois, peuvent vous paraître anguleuses. Rappelez-vous que la guerre, guerre de sape, guerre d'embûches, a duré pour lui non pas quatre mais douze fois quatre années. Le granit vosgien, dont les morceaux n'ont cessé — c'est encore Barrès qui parle — de demeurer un caillou de France sous la botte de l'envahisseur, ce granit est d'un grain tel que la France y peut hardiment réédifier sa maison. La jeunesse alsacienne et lorraine, nous pouvons l'affirmer, n'a pas droit seulement à l'affection de la France : elle mérite toute sa confiance !

« Vous êtes prêts, mes jeunes camarades, à renouer la tradition des écoles françaises de Strasbourg, si brillamment représentées ici par nos hôtes éminents. Quel bonheur est le vôtre et celui des camarades qui vous succèderont ! L'Université de Strasbourg est appelée à un avenir magnifique, nous le souhaitons de tout cœur et nous en avons le ferme espoir. Elle sera le foyer où toutes les couleurs du prisme français, parmi lesquelles ne manqueront pas les nuances alsacienne et lorraine, viendront se fondre en un rayon lumineux et ardent. Elle exercera au loin une attraction puissante, irrésistible. Mais elle veillera à ce que ne soit point adultéré le pur génie français. Elle filtrera les apports étrangers, éliminant ceux qui seraient contraires à la substance française.

« Ces vœux, ces espérances, s'appuient sur l'autorité du premier magistrat de la République, M. Raymond Poincaré, qui, il y a peu de jours, a fait au président du Cercle des Étudiants Alsaciens et Lorrains l'honneur de le recevoir, n'a-t-il pas affirmé « le désir du Gouvernement de laisser à l'Université de Strasbourg son originalité ? »

« Et M. le recteur Coulet n'a-t-il pas prononcé, au Conseil supérieur d'Alsace et de Lorraine, des paroles vivement applaudies, et dont voici la substance : « Des projets sont à l'étude en vue de doter l'Université du personnel et du matériel qui lui sont nécessaires, non seulement pour la maintenir au niveau de ce qu'elle était sous le régime allemand, mais pour en faire une Université modèle et de premier ordre » ?

« Sans doute, au sujet de la voie à suivre pour réaliser ce programme si séduisant, les opinions peuvent varier. Des vœux ont été exprimés. Ils peuvent se résumer dans cette formule : il faut que soit assurée à l'Université l'autonomie la plus large. De plus, on ne se dissimule pas que la question qui, peut-être, n'est primée par aucune autre, c'est celle des crédits. M. le Commissaire général a fait, dans ce sens, au Conseil supérieur, des déclarations qui, dans tout le pays, ont été saluées avec la satisfaction la plus vive. La question des crédits et tous les autres problèmes, de la solution desquels dépend le sort de notre Université, sont, de sa part, l'objet de la sollicitude la plus constante et la plus éclairée. Il saura se faire, auprès du Gouvernement et du Parlement, le défenseur écouté et persuasif de ses projets qui sont pleinement d'accord avec nos vœux.

« D'autre part, nos budgets régionaux qui, naguère, ont fourni à l'Université des contributions importantes, ne voudront pas, nous en avons la certitude, demeurer en reste. Et l'initiative privée, qui refusait avec raison de subvenir à une institution qui combattait nos traditions et notre esprit, interviendra désormais avec empressement, pour contribuer à faire de notre Université une œuvre digne de l'Alsace, de la Lorraine, de la France.

« Un dernier mot, Messieurs.

« Il n'est pas, j'imagine, pour un soldat, de plus grande satisfaction que de retourner contre l'ennemi les armes, les positions, conquises dans la bataille. C'est ainsi que nous agirons avec les institutions que l'Empire allemand destinait à la conquête spirituelle et morale de l'Alsace Lorraine. Mais les projectiles que feront pleuvoir ces ouvrages, ce seront désormais les lumineuses idées françaises. Un détail encore. Nous applaudissons au ciseau vengeur qui abat de nos édifices l'odieuse effigie du sinistre oiseau de proie. Mais nous insistons pour qu'au fronton de l'Université soit maintenant la devise : *Litteris et Patriæ*. Aussi bien, nous n'avions pas attendu le retour de nos trois couleurs pour donner, dans nos cœurs, au terme de *patriæ*, le sens qui publiquement est désormais le sien. C'est le rôle traditionnel de l'Alsace, de conquérir à la France les apports germaniques, de mettre au service de la patrie française les mots d'ordre dont les envahisseurs prétendent la combattre. En voulez-vous un exemple? Nous n'avons jamais chanté, assurément, la mélodie infâme dont, depuis 1870, les Allemands nous ont lancé le défi. Ne pouvant faire taire cette chanson, nous avons adapté à notre usage le texte du refrain. Et c'est ainsi que nos cœurs n'ont jamais cessé de répéter le serment de l'Alsace à la France, ce serment qui est celui d'hier et d'aujourd'hui et qui sera celui de toujours :

> O Patrie adorée, sois sans craintes,
> Elle est solide et fidèle, la garde,
> La garde aux bords du Rhin !

A ce moment, M. le Commissaire général Millerand prononça un discours dont nous regrettons de ne pouvoir donner le texte; il exposa avec chaleur et dans des termes vibrants qui allèrent au cœur de tous ses auditeurs, les intentions du gouvernement quant à l'Université de Strasbourg, qu'il veut grande et indépendante ; placée à la frontière, elle devra être, comme l'était l'Université française de Strasbourg avant 1870, la sentinelle avancée de la science et de l'érudition de notre patrie. Non seulement elle ne saurait être inférieure à l'Université allemande, mais elle saura la surpasser. Pour cela, des crédits importants sont nécessaires ; ils seront demandés au Parlement qui les accordera ; il lui faut des maîtres éminents : on les lui fournira ; il lui faut des élèves nombreux et zélés : la jeunesse présente est là pour en être le premier noyau et elle saura s'attacher à ses maîtres et à son Université, à l'exemple des anciens, venus pour leur montrer, par leur exemple, que les années n'éteignent pas la reconnaissance due à ceux qui ont élevé les cœurs et les esprits.

Après lui, le professeur Treille, au nom de l'*Association*, prit la parole. Il commença par exprimer le regret de l'absence du Président, qu'on l'avait prié de suppléer, M. Bouloumié ayant été obligé, par des circonstances imprévues et majeures, de quitter Strasbourg le matin même. Il lui appartenait mieux qu'à tout autre de dire, dans cette brillante et cordiale réception, les sentiments qui animaient tous les *Anciens des Facultés de Strasbourg*.

« C'est », ajoute-t-il « un spectacle et un exemple uniques que donnent en cette circonstance ces vieux étudiants de Strasbourg, dont le plus jeune a plus de soixante-dix ans, venus de tous les points de la France ». Lui-même est arrivé en droite ligne du Sahara, où il hiverne chaque année comme un véritable nomade, n'ayant qu'une crainte, c'est que, par suite des difficultés actuelles des voyages, il ne se trouvât en retard.

« Quelle joie d'avoir pu rejoindre à temps mes vieux camarades, de vivre avec eux des jours inoubliables, de venir apporter à Strasbourg, à sa jeune Université, l'expression de leur affection, de leur reconnaissance pour les maîtres illustres qui leur donnèrent l'enseignement médical le plus substantiel ! Ces maîtres, hélas ! ont disparu, mais leur souvenir ne s'effacera jamais de leur mémoire, non plus que de l'histoire de l'ancienne Université.

« Et quelle émotion en revoyant cette vieille cité, au cœur si français, vers laquelle notre pensée se reportait sans cesse depuis près de cinquante ans, et que nous n'avons jamais cessé de considérer comme notre patrie même.

« Et si, comme disait Danton, on n'emporte pas la Patrie à « la semelle de ses souliers, on en emporte au moins dans son « cœur, durant l'exil, la fidèle image, on en garde le culte le « plus fervent. »

« C'est dans ces sentiments que les anciens étudiants de

Strasbourg ont toujours vécu, attendant, avec une foi inébranlable, comme les Alsaciens eux-mêmes, le jour de la libération,

« La jeune Université aura, il n'y a pas à en douter, les destinées les plus brillantes. Elle sera un phare resplendissant
dressé en face de l'Allemagne, y plongeant ses feux pour dis-
siper les obscurités et les malfaisances de la Kultur. La France,
on peut en donner l'assurance, fera, grâce surtout aux efforts
et au zèle si vigilant du Commissaire général de la République, tout le nécessaire pour que la jeune Université reçoive
toutes les dotations nécessaires à son développement ».

Il engage les étudiants de Strasbourg à aller visiter l'Algérie
et leurs camarades d'Alger, et termine en levant son verre en
l'honneur du Commissaire général de la République, M. Millerand, de l'anciennne et de la nouvelle Université française de
Strasbourg.

Après quoi, M. Zillhardt, président des Étudiants de Strasbourg en cours d'études, et qui était revenu de Paris la veille,
à la tête d'un groupe de ses camarades qu'avaient reçu les
Étudiants de Paris, parla des impressions profondes que rap-
portaient lui et ses camarades, prononça des paroles aimables
pour les anciens et remit au Dr Buchet un diplôme d'honneur.

Au nom de la ville, M. Ungemach, président de la Chambre
de commerce, maire de Strasbourg après l'armistice, remercia
en paroles pleines de cœur les membres de l'*Association* de
leur fidélité aux impressions de la jeunesse qui les avait
ramenés à Strasbourg, et rappela les heures passées ancienne-
ment dans le petit cénacle littéraire qui se réunissait chez lui,
avant 1870, et dont il a gardé, comme tous ceux qui en firent
partie, un bien cher souvenir.

Et la soirée se termina au milieu des conversations particu-
lières pleines d'entrain et d'animation.

Les jours suivants, plusieurs camarades se rendirent à
Sainte-Odile, tandis que le Dr Granjux dirigeait une petite
caravane vers Frœschviller.

Le récit des impressions de ce pieux voyage ont été écrites
par M. Granjux, dans un article du *Caducée* du 1er juillet 1919,
où il rappelle comment furent sauvés, par les habitants, les
blessés de Frœschviller abandonnés sans aucune ressource
par les Allemands et leur Croix-Rouge.

Tel est le récit sommaire et fidèle du dernier acte de l'*Association des Anciens Étudiants des Facultés de Strasbourg*.
Il est la clôture d'une série continue d'espérances entretenues
pendant près de cinquante ans dans un esprit de franche camaraderie et met fin à la Société par la réalisation de son vœu le
plus cher : le retour à la France de Strasbourg tant aimé.

R. TANCREDE
PARIS
IMPRIMEUR

www.ingramcontent.com/pod-product-compliance
Lightning Source LLC
LaVergne TN
LVHW010410060726
842526LV00005B/1602